何帅◎著
(@heshawn)

应试数学：
出题人
想考什么

天津出版传媒集团
天津科学技术出版社

图书在版编目（CIP）数据

应试数学：出题人想考什么 / 何帅著. -- 天津：天津科学技术出版社, 2021.10
ISBN 978-7-5576-9386-2

Ⅰ.①应… Ⅱ.①何… Ⅲ.①中学数学课—高考—命题—研究 Ⅳ.①G633.602

中国版本图书馆CIP数据核字（2021）第109439号

应试数学：出题人想考什么
YINGSHI SHUXUE CHUTIREN XIANG KAO SHENME

责任编辑：刘丽燕

责任印制：兰　毅

| 出　　版： | 天津出版传媒集团 |
| | 天津科学技术出版社 |

地　　址：天津市西康路35号

邮　　编：300051

电　　话：（022）23332490

网　　址：www.tjkjcbs.com.cn

发　　行：新华书店经销

印　　刷：石家庄继文印刷有限公司

开本 880×1230　1/32　印张 7.25　字数 139 000
2021年10月第1版第1次印刷
定价：52.00元

用更高效的方法付出,不亚于任何他人的努力。

前言
高考赛场上的制衡与博弈

本书是高考数学阅卷老师写给高中生的数学学习指南。

这不是一本讲解具体数学知识点的书,但它可以帮助你重塑对高考数学的认知:高考并不是一场纯粹的知识测试。事实上,它是一场由"人"参与的博弈,有人的地方就有规则,理解规则的人才能形成更高明的策略。

而那些只将高考视为"解题格斗场"的人,不说误入歧途,至少也会让自己的努力事倍功半。

高考固然是一门解题的艺术,但这本书更想提醒你的是:题目需要真人完成设计,再由具体的人进行解答,还要经特定的人完成审阅。你所面对的题目，只是高考的外在表现形式，你更需要关注的是：题目背后的人，以及他们彼此的关联与制衡。

高考，是一个真实世界里的博弈故事。

这个故事里，参与博弈的主要势力有三方：高考命题人、高考阅卷人、参加高考的考生——这三方势力的角逐只围绕着一个共同目的：检验考生经过三年的学习时间，是否完全掌握了《高考大纲》要求的全部内容。

有些学生会问，在这个博弈故事里，我们的高中老师去哪儿了？答案是：他们站在考生这一边——所有的高中老师大部分时间里都在帮助你打赢这场比赛。

许多学生本能地把自己设定为这个博弈故事里的弱势群体：

命题人咄咄逼人地向你发出提问，他们几乎想怎么出题就怎么出题；

阅卷人则在你的身后严防死守，他们几乎想怎么判分就怎么判分；

而你夹在两者之间，惨遭"毒打"，稍有不慎，就会"全军覆没"……

这种场景，听上去像是真实世界里的故事设定吗？

《哈利·波特》讲述了一个魔法世界的宏大故事，霍格沃茨魔法学校里的老师和学生个个身怀绝技：他们会很多咒语，会施展各种法术；他们中有些人能听懂蛇的语言，还有些人拥有点石成金的能力……他们还有一个共同的使命——对付黑暗魔王伏地魔。

如果你从来没有读过这本书,听到这里你可能会问:这些人都这么厉害了,听上去简直无所不能,那这本书写出来就应该像其他神剧那样,各路巫师云集霍格沃茨,三分钟之后战斗结束,这怎么还能享誉全球呢?

霍格沃茨的魔法师们的确身怀绝技,但他们在施展法术时也会受到很多限制。

比如,魔法世界的第一条禁令就是:巫师不能当着普通人的面施展魔法。

另外,没有哪个巫师天生就精通所有的魔法:你需要学习,需要训练,有些时候,掌握关键魔法还需要一些天分——这是《哈利·波特》的情节能有如此张力的原因之一,也是《哈利·波特》的故事内核能够胜过其他神剧的重要因素:巫师们的法术虽强,但是他们并不能随意放飞自我,他们最多只能"戴着镣铐"施法。

即使是最强大的巫师也会面临各种各样的制约。

你看,《哈利·波特》虽然是一个虚构的魔法故事,但在魔法世界里施展法术会受到条令约束的设定,让人感觉它的虚构建立在真实社会秩序之上,显得合情合理。

真实世界的特点之一,就是人的一切行为都会受到制约,谁都没有为所欲为的资格。

真实世界里,博弈中的每个人都要考虑现实条件和游戏规则,他们也都有各自的原始动机。

真实的世界充满博弈与权衡。而高考,就是一场真实世界里的博弈。

事实上,命题人和阅卷人绝非这个博弈故事里的"天选之子",更不可能成为"法外狂徒",他们也是这个游戏的玩家,他们同样受到规则的制约,他们也有自己的短板,他们也有自己的命门。

而你,需要了解他们——这就是这本书的价值所在。

不同于你所见到的高中教辅资料,这本书不会系统地向你讲解基本知识,也不会为你归纳某个专题考法,这本书真正的重点是希望带你理解"高考数学"这个故事中,三方势力各自面对的硬性制约,以及他们相应的行动策略。

在第一章你会了解高考命题人的真实困境——高考命题人面临的最大制约是《高考大纲》,本书会带你精读这份字字珠玑的官方文件,帮你理解文本背后的真实含义。

在第二章你会读到来自高考阅卷人的一手工作笔记——高考阅卷人面临的最大制约是什么。本书会尽力帮助你在考场上会做的题拿满分,不确定的题目少扣分,即使完全不会做也为自己保留30%的步骤分。

在第三章,本书会为你制定一套有针对性的学习与解题策略——让你在学习时,每一秒都剑锋直指命题人最关心的重点;在做题时,每一笔都包含阅卷人最关心的步骤。

最后，本书的第四章还包含了一些高考数学的学习方法论干货。

书中的少量题目全部来自教育部官方公布的历年真题试卷，但它们只会作为例证出现，你在未来可以用更多的高考真题来验证本书的理论和策略。

希望这本书可以让你在面对高考数学时更加游刃有余。

成功没有捷径，但两点之间线段最短。

愿你在高中三年，能用最高效的方法，竭力付出不逊于任何人的努力。

加油！

何帅（@Heshawn）

2021 年 5 月

命题人在想什么？

第一章

1 制约
命题人面对的最大限制是什么? ……… 2

《高考大纲》写给谁? ……… 3
如何读出考试大纲的"言外之意"? ……… 4
命题人如何破局? ……… 6
知识点不等于考点，有关联的知识点才是考点 ……… 8

2 互动
命题人与考生如何沟通? ……… 10

一段考纲和一道考题 ……… 10
信号与目标 ……… 14
注意知识点在题目中的表述方式 ……… 14

3 思路
命题人如何设计证明题思考路线? ……… 16

辅助线的设计 ……… 17

空间线面关系的互证体系	18
一道真题	22

4 细节
命题人如何进行题目创新? 25

创新的难题	26
问题情境：新故事，旧考点	27
一道真正意义上的创新题	29
创新的逻辑	35

5 改编
命题人如何用有限考点对抗无限时间? 36

一道"古老"的题目原型	37
解构：命题思路的起源	39
创新的扩散	41
历年真题的关联	43

6 考纲
命题人如何考查《高考大纲》当中的"能力要求"? 45

原则与案例	46
例一：根据公式法则运算	47
例二：对数据进行估计和近似计算	48

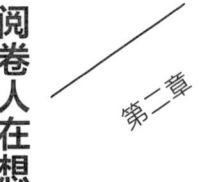

第二章 阅卷人在想什么？

1 流程揭秘
高考是一场公平的竞赛   52

标准统一：阅卷老师的岗前培训   54
三重保护：阅卷流程中的公平性维护   58

2 卷面布局
更科学的答题卡长什么样？   62

一次卷面"翻车事故"   62
反面案例汇总   64
改进策略   65
考场上更科学的答题卡长什么样？   70

3 规范作图
如何在答题卡中体现图像关键信息？   72

一道高考题目的初中解法   73
一个特殊的作图案例   75

图像标注策略		77
一道与"立体几何"相关的例题		77
总结：图像与数据标注		81

4 应急技巧
完全不会时，如何拿到 30% 的卷面分？   83

计算题的临场应急策略	84
怎样默写公式才能得分？	84
另一道练习题	87

5 考场抢救
三类特殊题目的救场策略   89

解析几何与解三角形：几何视角下的代数问题	90
数列：合情推理的实战应用	92

第三章 考生应该想什么?

1 综述
如何分析一道题?　　　　　　　　　96

人人都会做题,只有学霸才会分析复盘　　97
宏观分析:解题的三个步骤　　　　　　98
你的题目为什么会做错?　　　　　　　100

2 转化
你的条件为什么会漏用?　　　　　104

比知识点更重要的是对知识点的考查方式　105
与知识点相关的隐含条件　　　　　　　107
其他两种条件漏用　　　　　　　　　　109
选择题的选项也是一类特殊条件　　　　110

3 构思
你的思路为什么会跑偏?　　　　　112

题目分析的双向分析框架　　　　　　　113

知识体系对解题思路的影响　　　　　　　　　117

代数结构对解题思路的启发　　　　　　　　　119

4 运算
复杂公式化简的统一原则　　　　　　　　　122

盲目并项计算，破坏原有代数结构　　　　　　123

未能准确构造同类项　　　　　　　　　　　　124

5 积累
高效的学习策略　　　　　　　　　　　　　129

自然主义与结构主义　　　　　　　　　　　　130

模仿是一种更高效的学习方法　　　　　　　　134

重新积累知识　　　　　　　　　　　　　　　138

第四章 为什么我强烈推荐你精做真题?

1 真题
为什么我强烈推荐你精做真题?   142

筷子原则:模拟题都是某种意义上的超纲题   143
一本高考真题,指导你四个阶段的学习   146
"真题不能做太早"的理由充分吗?   147

2 例题
数学教材的干货提取指南   150

教材例题是知识点的使用说明书   151
一道考场上被上千学生做错的例题   154

3 复盘
更有效的错题集应该如何整理?   157

错题分析   157
整理错题集的几个误区   158
整理错题集的四条原则   159
归类:如何构建索引框架   161

4 查漏
如何迅速地系统检索知识漏洞? 166

- 先分级,才能针对性优化 168
- 理解不等于会用 171
- 四项能力指标 172
- 迅速分类的具体方法 173
- 两点重要提醒 174

5 提问
如何提问,使老师给予针对性指导? 177

- 谈话第一原则:保持信息对等 178
- 区分"闲聊"和"讨论" 179
- 将"闲聊"升级为"讨论"的六个要点 181

6 框架
如何构建自己的知识框架? 183

- 自下而上:逐步积累,定期总结 184
- 例子:如何从错题中积累知识点 185
- 如何从材料中总结归纳框架? 189
- 如何对知识框架进行"顶层设计"? 190
- 关于《高考大纲》的再应用 193
- 如何将具体问题代入框架? 194

7 小题
选择题的选项也是重要的题目条件   199

时间配比：120 分钟完成 150 分的试卷   199

解题效率：如何利用选择题的选项提升效率   200

进阶：一道更难的题目   202

后记   205

第一章

命题人在想什么？

MATHEMATICS

1 制约
命题人面对的最大限制是什么？

中学里每个老师都有自己的口头禅，在指导学生如何考试时，不同的老师会给出不同版本的叮嘱，但要是统计所有中学老师口头禅的"最大公约数"，我猜，这句话应该是"你要揣测命题人的意图"。

事实上，你不用"揣测"命题人的意图，而是可以直接推断出命题人的意图。

这句话更准确的说法是：命题人事实上没有随心所欲的个人意图，因为他们的手上戴有"镣铐"，他们的行为受到制约。

而你，需要了解自己的对手面临怎样的制约。

《高考大纲》写给谁？

《普通高等学校招生全国统一考试大纲》(以下简称《高考大纲》)是一份被中学老师提及最多的官方文件。虽然每一位老师都提到过它，但很少有同学仔细读过它。其实，你无须因为自己没仔细读过考纲而后悔，事实上，即便你读过它，也很难洞察问题所在。因为，它其实不是为你写的。

大体来说，数学科目的《高考大纲》由两个板块组成：第一个板块称为"考核目标与要求"，第二个板块称为"考试范围与要求"。

对大多数同学而言，第一个板块充斥着难以理解的抽象词汇，第二个板块只不过是课本上知识点的罗列与堆砌，实在看不出其中有什么干货。

事实上，教育部发布这份文件时，预设的"核心读者群体"的确不是学生，甚至不是高中教师，而是另一群体——高考命题组。

比如每年的大纲中都有一个叫作"考查要求"的章节——假如只看标题，你可能以为这是教育部考查你的要求，其实，这误会有点大。我们来看看这个部分的第一段：

> 数学学科的系统性和严密性决定了数学知识之间深刻的内在联系，包括各部分知识的纵向联系和横向

联系，要善于从本质上抓住这些联系，进而通过分类、梳理、综合，构建数学试卷的框架结构。

这段话的后半部分接连使用了看起来非常高级的无主句语法结构，而语意重点落在了"构建数学试卷的框架结构"上。

很显然，考生和老师是没资格去构建试卷的框架结构的，因此这段话实际的表达对象是高考命题组，所谓的"考查要求"是写给命题组的命题要求。

那么这份文件究竟讲了什么内容呢？

如何读出考试大纲的"言外之意"？

教育部写给命题组的"考查要求"，第一条就开门见山地画定了一条红线，我把这段原文摘录下来：

> 对数学基础知识的考查，既要全面又要突出重点。对于支撑学科知识体系的重点内容，要占有较大的比例，构成数学试卷的主体。注重学科的内在联系和知识的综合性，不刻意追求知识的覆盖面。从学科的整体高度和思维价值的高度考虑问题，在知识网络的交汇点处设计试题，使对数学基础知识的考查达到必要的深度。

你可以将这段话视为一道初中语文阅读理解题目，圈出你认为的"中心句"。

请注意，这段话强调的关键问题是：对数学基础知识的考查"既要全面又要突出重点"，注重"知识的综合性""学科的整体高度""知识网络的交汇点处"。

简而言之，这段话的中心思想是：高考数学的命题不能在单一知识点上进行个别考查，而是要尽可能发掘知识点之间的联系，兼顾考查范围。

这段话唯一可能让人产生误解的一句表述是"不刻意追求知识的覆盖面"。有学生或者老师据此判断：知识点的覆盖面并不是高考命题人所关心的问题——这就属于对一句话的言外之意太不了解了。

让我来举一个生活中的例子：一个女孩经人介绍对象，介绍人问女孩对对象有什么要求，女孩这个时候非常谦虚地说，"我没有过高的要求"。

于是有一个其貌不扬、家境贫寒还失业在家的男青年听说女孩儿"没有过高的要求"就去相亲。女孩见到此人之后表示拒绝。

结果这个男青年勃然大怒，痛斥这个女生太虚伪——你不是说"没有过高的要求"吗，怎么还拒绝我呢？

请注意，我想请你体会女孩说的"没有过高的要求"这句话是不是等同于"没有要求"。

汉语语境下的程度限定词非常关键,理解了这个例子,你就更能体会:"不刻意追求知识的覆盖面"并不意味着"不追求知识的覆盖面",尤其是结合上下文强调"知识的综合性"和"知识网络的交汇点处"的语境,可以看出这句话的实际含义不是"不追求",而是"有追求",只不过不要太刻意而已。

如果我们使用词频统计工具,就可以非常方便地检索到《高考大纲》使用的高频词汇。我们以理科《数学大纲》为例,在这份只有11页半的文件中:"综合"一词出现了12次,"联系"一词出现了10次,"整体"一词出现了3次,"全面"一词出现了4次。

从考查要求可以看到,高考命题人所遇到的第一个约束条件,就是命题必须"全面"。

那么我们接下来的问题是:突出知识的综合性、体现学科的整体高度,这是容易达成的目标吗?

你会发现:非常难……

命题人如何破局?

粗略统计,高中的数学学科有23个核心章节,80多个大类知识,数百个细节考点。而一张高考试卷(以全国卷为例)只有23道题目,常规设置30个问题。

要用如此之少的题目考查如此之多的内容,而且还要达到教育部在《高考大纲》中提出的"既要全面又要突出重点"、体现"知识的综合性""学科的整体高度"这种硬性要求,如果你是高考命题人,你打算怎么办?

高考命题人所面对的主要矛盾,就是"题目数量太少"与"要考的内容太多"之间的矛盾。而这个矛盾的调和方法,《高考大纲》也已经明确说明,请大家注意原文的最后一句:"在知识网络的交汇点处设计试题"。

让我们拿几道具体的题目来看看吧:

例1(2018年全国1卷理科数学T2)已知集合 $A=\{x|x^2-x-2>0\}$,则 $C_R A=$( )

A. $\{x|-1<x<2\}$

B. $\{x|-1 \leq x \leq 2\}$

C. $\{x|x<-1\} \cup \{x|x>2\}$

D. $\{x|x \leq -1\} \cup \{x|x \geq 2\}$

例2(2017年全国2卷理科数学T2)设集合 $A=\{1,2,4\}$,$B=\{x|x^2-4x+m=0\}$,若 $A \cap B=1$,则 $B=$( )

A. $\{1,-3\}$ B. $\{1,0\}$

C. $\{1,3\}$ D. $\{1,5\}$

例3（2016 年全国 1 卷理科数学 T1）设集合 $A=\{x\,|\,x^2-4x+3<0\}$，$B=\{x\,|\,2x-3>0\}$，则 $A\cap B=$（   ）

A. $\left(-3,-\dfrac{3}{2}\right)$　　　　B. $\left(-3,\dfrac{3}{2}\right)$

C. $\left(1,\dfrac{3}{2}\right)$　　　　　D. $\left(\dfrac{3}{2},3\right)$

这是近几年高考中，全国卷关于"集合"这个章节的部分题目，它们都出现在试卷的前两道题，是标准意义上的"送分题"。

但即便是如此简单的题目，命题组现在也很少直接给你两个集合让你运算，他们更喜欢将集合构造成一个二次不等式或者一个特殊函数的定义域/值域，相当于在考查集合运算时，联合考查了一个二次不等式的解法，或者你对函数三要素的理解程度。

这些题目虽然简单，但是你可以从中窥见高考命题的核心原则：一道题目不会只考查单一知识点。

至于高考中区分度高的题，则会把这种知识点的联合考查使用到极致，比如2016年全国新课标1卷文科数学的12题——选择题中的最后一题，仅仅一道小题就涉及4个知识板块的10个考点。

知识点不等于考点，有关联的知识点才是考点

"在知识网络的交汇点处设计试题"是考纲给予高考命题组

的第一条制约。

  这个要求实际上限制了高考命题人对知识点的"考查方向"。例如，命题人想要考查 A 知识点，有些考查方向很好，可以对 A 知识点考查得很深入，但是因为这种考查方式无法让 A 知识点与 B、C、D 知识点等产生更多的关联，只能孤立地考查这一个知识点，那么这种考查方式自然就被命题人放弃了。

  因此，在这一个小节的最后，我想请大家区分"知识点"和"考点"这两个名词。在高考当中，知识点并不等同于考点，有相互关联的知识点才能成为考点，这是《高考大纲》带给我们最重要的启发。高中三年，在你学习的过程中，请一定要注意观察自己做的每一道题目是如何将多个知识点结合在一起的。

  知识点与知识点的结合点，就是你未来高考的考点。

 **互动**
命题人与考生如何沟通?

一段考纲和一道考题

你的数学老师在平时讲解题目时应该常常会说:这道题考的是××知识点。似乎高考命题人已经把要考查的知识点像挂招牌一样明晃晃地挂在了每道题目上,但高考命题人没有这样的"觉悟"。事实上高考命题工作的一项重点任务,就是用尽可能委婉的表述方式,对知识点进行封装。这样一来,考生解题时的第一项任务就变成了识别每一道题目背后封装了怎样的知识点。

高考命题组的老师为什么不能有话直说,非要这样拐弯抹角地难为考生呢？让我们来看《高考大纲》中的相关规定：

◆ **知识要求**

知识是指《普通高中数学课程标准（实验）》（以下简称《课程标准》）中所规定的必修课程、选修课程系列 2 和系列 4 中的数学概念、性质、法则、公式、公理、定理以及由其内容反映的数学思想方法，还包括按照一定程序与步骤进行运算、处理数据、绘制图表等基本技能。

各部分知识的整体要求及其定位参照《课程标准》相应模块的有关说明。

对知识的要求依次是了解、理解、掌握三个层次。

1. **了解**：要求对所列知识的含义有初步的、感性的认识，知道这一知识内容是什么，按照一定的程序和步骤照样模仿，并能（或会）在有关的问题中识别和认识它。

这一层次所涉及的主要行为动词有：了解、知道、识别、模仿、会求、会解等。

2. **理解**：要求对所列知识内容有较深刻的理性认识，知道知识间的逻辑关系，能够对所列知识做正确的描述说明并用数学语言表达，能够利用所学的知识内容对有关问题进行比较、判别、讨论，具备利用所学知识解决简单问题的能力。

这一层次所涉及的主要行为动词有：描述、说明、表达、推测、想象、比较、判别、初步应用等。

3. 掌握：要求能够对所列的知识内容进行推导证明，能够利用所学知识对问题进行分析、研究、讨论，并且加以解决。

这一层次所涉及的主要行为动词有：掌握、导出、分析、推导、证明、研究、讨论、运用、解决问题等。

请注意第一个层次"了解"这项要求中的主要行为动词：识别。

事实上这是《高考大纲》给命题组成员下达的硬性指标：他们无法向你直接展示考点。因为，他们需要考查你是否真正了解一个考点，而了解一样东西最基本的要求是：准确识别它。

让我们来看一道简单的题目：

（2016年上海卷）已知三角形ABC的三条边长分别为3，5，7，则该三角形的外接圆半径等于_____。

它的解答过程是下面这样的：

根据题目条件：$a=3, b=5, c=7$，由余弦定理

得 $\cos C = \dfrac{a^2+b^2-c^2}{2ab} = -\dfrac{1}{2}$,

$\therefore \sin C = \dfrac{\sqrt{3}}{2}$,由正弦定理得 $R = \dfrac{c}{2\sin C} = \dfrac{7\sqrt{3}}{3}$。

这是一道简洁的题目，只有 1 组条件和 1 个问题，但我希望你记住它，因为我们在接下来会不断提到它。

解答这道题目的核心思路是：条件给了我们三角形的三条边长，应该据此想到**余弦定理**；求问三角形外接圆的半径，应该据此想到**正弦定理**。

为什么？因为高考数学里"三角形外接圆"这个词是密切联系"正弦定理"的，你还记得正弦定理的公式吗？

$a/\sin A = b/\sin B = c/\sin C = 2R$

这里的 R 就是这个三角形外接圆的半径。

事实上，你高中三年学过的所有知识点中，只有"正弦定理"这一个知识点包含了"三角形外接圆"这个概念——老师讲解"正弦定理"这个知识点时就是直接从直角三角形外接圆讲起的。

你还能想起自己在高中数学课本的其他地方见过"三角形外接圆"这几个字吗？

没有。

所以，从这个角度来看，"三角形外接圆"在高考数学试卷中几乎等同于"正弦定理"——这就是高考命题组老师与学生之间的基本沟通方式。

信号与目标

你可能会想：人和人之间就不能坦诚一点吗？高考的命题人为什么就不能写"请根据正弦定理，计算三角形外接圆的半径"呢？

其实，命题人并不是要刻意"为难"你，他只是需要"测试"你是否真正理解"求解三角形外接圆半径"这个需求背后的真实含义，他在测试你对"正弦定理"的了解程度。

而测试一个人最好的办法，就是旁敲侧击地给出一个与目标有关联的信号，看看这个人能否识别这个信号，从而联系到真正的目标。

这就是高考命题人采取的命题策略。

高考命题人有任务在身：《高考大纲》需要他们完成对你的测试，他们需要测试你是否真的"了解"每一个知识点，他们需要看看你是否能"识别"与每一个知识点相关的信号。

这就引出了你需要区分的第二组重要概念。

注意知识点在题目中的表述方式

你学过正弦定理，却未必能顺畅地做出和它相关的考题，因为考到"外接圆"相关的题目时，你不一定能迅速想到正弦定理。

在这个例子里,"正弦定理"是一个知识点,而"外接圆"则是这个知识点的考查方式——前者是一个具体知识点的内容,后者是命题人与你交流这个内容时的语言形式。

这句话,你品,你细品。

从命题人的命题策略中你可以洞察到第二个关键点:高中三年学会一个知识点是远远不够的,还需要在日常的习题训练中特别注意每一个知识点在题目当中的"表述方式"。

你需要注意整理和记录这些表述方式,在高考考场上看到它们时,你应该想到每一个词语背后对应的那个知识点。

在接下来的章节,我们还会选用几道例题,请注意观察它们的结构,你会发现它们无一例外,都恰到好处地站在了"知识网络的交汇点处"。

它们都是经过命题人精心设计的题目。

 **思路**
命题人如何设计证明题思考路线?

咱们单独用一节内容谈谈高考数学当中的"证明题"。

"证明题"是高考数学试卷中得分率最不可控的题目类型,当读完一道计算题完全没有思路时,很多同学会默写一些相关公式,把题目中的数据胡乱组合运算一番,本着"没思路就先写两步"的心态,想着至少不要出现空白答题卡,说不准自己写对了哪些步骤,还能白得一个过程分。

这的确是一个可行的方法,但毕竟靠的只是"瞎蒙",分数始终难有保障。我们会在下一章讲讲阅卷人关注的核心采分点,告诉你在遇到不会做的计算题时,怎样做还能保留一些卷面分。

但是假如一道证明题你没有思路，那么这道题大概率只能空白。一道大题只有 0 分和满分，没有中间的选项。

而所谓的"有解题思路"又往往只是一瞬间的事情，有时候一道题你一时没思路，就会一直没思路，直至考试结束走出考场，在进入洗手间的那一刻才恍然大悟，感觉被自己空着没写的那道题真是太简单了，作个辅助线就行！

你一定能回忆起很多这样的事。

如果这样的事情真的经常发生在你身上，那只能说明：你太不了解命题人了。

辅助线的设计

立体几何中的线面空间位置关系是高考数学中的常规必考考点。以全国卷为例，每年全国卷都会有一道大题的第一问涉及三维空间内线面位置关系证明，而我们知道，大部分情况下，这类题目都需要借助辅助线才能得证成立。

作一条辅助线，其实就是一种构造性的证明，你需要构造一个目前尚不存在的东西来帮助自己完成证明。

就大部分题目而言，当你毫无思路时，如果有人告诉你如何作一条合适的辅助线，那么这道题目的难度会瞬间下降两个等级。

那么命题人为什么不把辅助线直接给你画上去，而非要你自己手动补全呢？

有的同学会说："这还不明白？他就是想要为难我呗。"

事实是：命题人没有这个意图，命题人并不希望自己的题目谁也做不出来，那样的题目没有区分度。对命题人而言，最理想的题目设计应该是让那些对知识框架有深入了解的学生能找到这条辅助线，而那些一头雾水、半懂不懂的学生则找不到这条线。

所以，上面那个问题的进阶版本是：命题人擦掉了图像中的一条关键直线，他如何保证你还能找到它呢？

答案是：这些辅助线经过了精心的设计，而且有迹可循。

空间线面关系的互证体系

简单来说，在立体几何涉及空间线面位置关系的证明中，空间的线面位置关系总共有六类：

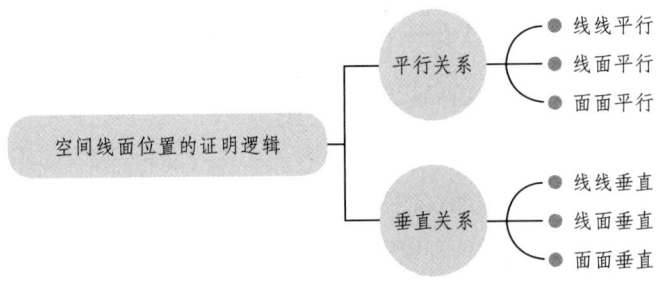

所有的证明思路都出现在这六类关系之间，而《高考大纲》非常清楚地罗列了这六类位置关系之间所有的推证路径：

2. 点、直线、平面之间的位置关系

……

（2）以立体几何的上述定义、公理和定理为出发点，认识和理解空间中线面平行、垂直的有关性质与判定定理。

理解以下判定定理。

- 如果平面外一条直线与此平面内的一条直线平行，那么该直线与此平面平行。
- 如果一个平面内的两条相交直线与另一个平面都平行，那么这两个平面平行。
- 如果一条直线与一个平面内的两条相交直线都垂直，那么该直线与此平面垂直。
- 如果一个平面经过另一个平面的垂线，那么这两个平面互相垂直。

理解以下性质定理，并能够证明。

- 如果一条直线与一个平面平行，那么经过该直线的任一个平面与此平面的交线和该直线平行。
- 如果两个平行平面同时和第三个平面相交，那么它们的交线相互平行。
- 垂直于同一个平面的两条直线平行。

- 如果两个平面垂直，那么一个平面内垂直于它们交线的直线与另一个平面垂直。

请注意这个文本，我们主要关心有关"定理"的部分，其中总共罗列了8条定理，我们以第一条为例：

- 如果平面外一条直线与此平面内的一条直线平行，那么该直线与此平面平行。

这句话的实际意思是：如果有一道题让我们求证线面平行，那么我们可以通过线线平行证明。

方法是：在这个平面里作一条辅助线，使该辅助线与原来的直线平行。

所以我们可以在前面的那张导图里作一条连线：

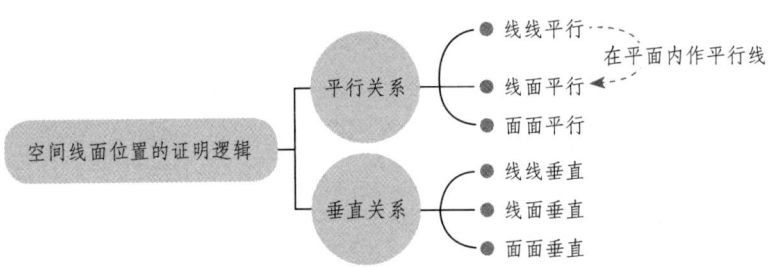

类似地，我们可以分析第二条：

- 如果一个平面内的两条相交直线与另一个平面都平行，那么这两个平面平行。

这句话的真实意思是：如果有一道题让我们求证面面平行，那么我们可以通过线面平行证明，方法是在一个平面里作两条相交辅助线，使这两条线跟第二个平面都平行。

然后我们的导图里会再多一条连线：

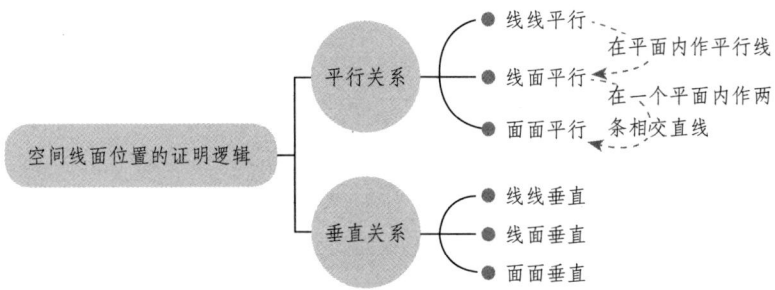

如果用这种方法把考纲中的 8 条定理全部画在图上，你会得到下面这张图：

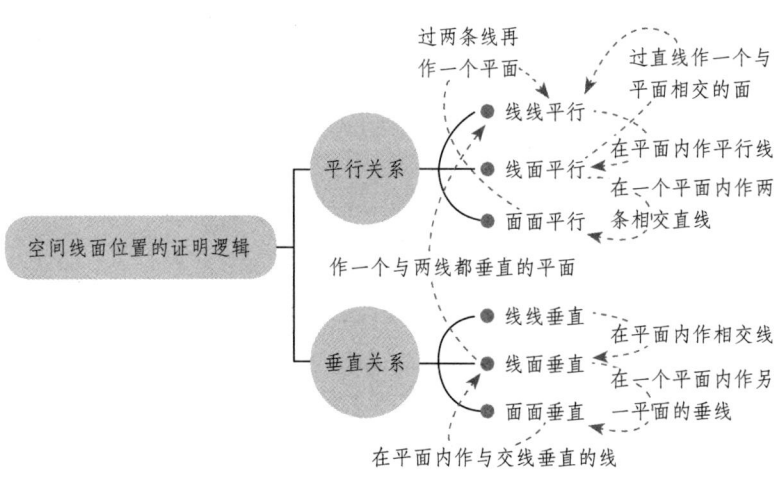

这张图带给我们的最大启发是：空间图像位置关系的证明并不是天马行空的，我们可选的路径其实非常有限，能抵达这个结论的途径也屈指可数。

当你参悟了这一点之后，你在每一条路径上能使用的辅助线，几乎是板上钉钉的存在。

一道真题

让我们来看一道真题，这道题来自 2018 年全国 2 卷，文科的第 19 题和理科的第 20 题都设计了这个问题：

如图所示，在三棱锥 P-ABC 中，$AB = BC = 2\sqrt{2}$，$PA = PB = PC = AC = 4$，O 为 AC 的中点，求证：$PO \perp$ 平面 ABC。

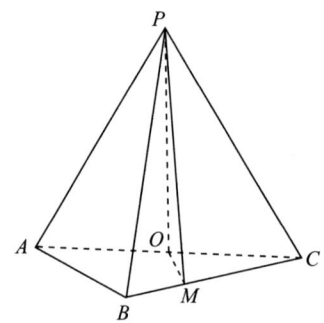

这道题目要我们求证直线 PO 与平面 ABC 垂直,在我们前面总结的导图里有两条路径可以抵达"线面垂直",分别是"面面垂直"和"线线垂直",现在我们的第一个问题是:应该选哪条呢?

答案是:这道题目就没有"面面垂直"的条件,所以你应该选择"线线垂直",而接下来按照定理的要求,你要做的是在平面 ABC 里找到两条和 OP 垂直的相交直线。

再来看这道题目给定的条件:$PA=PB=PC=AC=4$,$AB=BC=2\sqrt{2}$,以及 O 为 AC 的中点——长度相等的交线可以构成等腰三角形的腰,而等腰三角形底边的中线就是它的高,这是一组明确的线线垂直关系。

在 $PA=PC$ 这组关系里,我们可以知道在三角形 PAC 中,$PO \perp AC$;那么,$AB=BC$ 这组关系可以告诉我们什么呢?

答案是:在三角形 ABC 中,$BO \perp AC$。

所以,这道题目最关键的辅助线在于 BO,如果你做出了这条线,那么你很容易就可以计算出这个图上每一条线段的长度,并且发现 $|OB|^2+|OP|^2=|PB|^2$。也就是说,你的这条辅助线其实也垂直于 OP。

这样一来,你在平面 ABC 里就找到了两条与 OP 垂直的交线:AC 和 OB,也就完成了这个题目的证明。

你看,这条辅助线出现得恰到好处,跟灵感毫无关系——按照考纲的规则,这个位置就"应该"有一条辅助线。

这条辅助线就是命题人刻意为你设计的桥。

大多数同学总认为命题人希望把解题的思路隐藏得无迹可寻，难倒所有考生。但实际情况是，命题人并不能无所顾忌地行动，他们无一例外地受到《高考大纲》的约束，而考纲给命题人的考查目标是清晰明确的。

命题人的全部任务，就是按照考纲的要求，设计一套合理的试卷，其中的每一道题目所涉及的思路和决策都要尽可能地包含考纲规定的目标。

他们会恰到好处地在题目中为你布下路标和指示牌，并希望你能识别这些痕迹，走上他们设计的这条路径，最终实现考纲要求的目标。

细节
命题人如何进行题目创新？

高考命题在某种程度上是一份让人头疼的工作。

如果你搜集过去十年间教育部公布的全部考纲文本，并将它们综合对照，就会发现这些文本的重合度超过90%，有些年份考纲当中的内容甚至是大段照抄的。

这当然没问题，高考是一个全国性的选拔考试，对它的考查内容做出规定的考纲应该是稳定的。

但是，尽管考纲常年很少变化，可教育部对高考命题人的要求却是"创新"。

创新的难题

我们无法想象一个餐厅菜谱常年不变,老板却要求厨师不断创新。

而这恰好就是命题人的处境。

"创新"这个词在考纲当中总共出现过 5 次,在考纲规定的考查要求中,还用单独一段的篇幅强调了题目创新的重要性:

> 对创新意识的考查是对高层次理性思维的考查。在考试中创设新颖的问题情境,构造有一定深度和广度的数学问题时,要注重问题的多样化,体现思维的发散性;精心设计考查数学主体内容、体现数学素质的试题;也要有反映数形运动变化的试题以及研究型、探索型、开放型等类型的试题。

中国目前每年产生十多份高考试卷,这还是越来越多的省份放弃自主命题,改用全国卷后的情况,在过去全国各省各自为战的时代,最多时全国会产出 30 多份高考试卷(比如 2015 年)。十年来命题组累计公布了超过 200 份试卷,这其中有超过 5000 道真题。而我们说过,高考数学总共也只有那么几百个知识点,而且大体上已经十年不变。

如果你是命题人,你应该如何根据一份常年不变的考纲,设计出每年都变的题目呢?

答案是：你没法做到。

其实，大部分的高考题目就是常年不变的，每张试卷150分的考题里，大约有130分的内容、形式都能从往年的考题中找到，我在下一节会举几个例子，说明历年高考试卷中那些高度相仿的题目设计。

问题情境：新故事，旧考点

好在考纲也并不是完全"管杀不管理"，在具体的创新方法上，考纲也给了命题组一些可执行层面的指导，比如在上一小节我们引述的考纲正文里，具体要求后面的第一句话叫"在考试中创设新颖的问题情境"。

什么意思呢？让我们来看一个具体的例子。

（2019年全国2卷理科数学T4）2019年1月3日嫦娥四号探测器成功实现人类历史上首次月球背面软着陆，我国航天事业取得又一重大成就，实现月球背面软着陆需要解决的一个关键技术问题是地面与探测器的通信联系。为解决这个问题，发射了嫦娥四号中继星"鹊桥"，鹊桥沿着围绕地月拉格朗日点L_2的轨道运行，L_2 点是平衡点，位于地月连线的延长线上。设地球质量为 M_1，月球质量为 M_2，地月距离为 R，L_2 点到月球的距离为 r，根据牛顿运动定律和万有引力定律，r 满足方程：$\dfrac{M_1}{(R+r)^2}+\dfrac{M_2}{r^2}=(R+r)\dfrac{M_1}{R^3}$，假设 $\alpha=\dfrac{r}{R}$，由于 α 的值很小，所以近似地满足 $\dfrac{3\alpha^3+3\alpha^4+\alpha^5}{(1+\alpha)^2}\approx 3\alpha^3$，则 r 的近似值为：

A. $\sqrt{\dfrac{M_2}{M_1}}R$ B. $\sqrt{\dfrac{M_2}{2M_1}}R$

C. $\sqrt[3]{\dfrac{3M_2}{M_1}}R$ D. $\sqrt[3]{\dfrac{M_2}{3M_1}}R$

把这道题算作"创新题"是非常牵强的，其本质不过是一个传统意义上的复杂公式化简问题。2019 年中国发射了嫦娥四号，命题人就在问题中加入了这样一个新情境。

其实这样的"伪创新"你可以发现很多，比如 2017 年，谷歌的 Alpha Go 在围棋领域击败了李世石，于是当年的北京卷就出现了这么一道题目：

（2017 年北京卷文 / 理科数学 T8）根据有关资料，围棋状态空间复杂度的上限 M 约为 3^{361}，而可观测宇宙中普通物质的原子总数 N 约为 10^{80}，则下列各数中与 $\dfrac{M}{N}$ 最接近的是（　　）。（参考数据：$\lg 3 \approx 0.48$）

A. 10^{33}　　　　　　　　B. 10^{53}

C. 10^{73}　　　　　　　　D. 10^{93}

这道题考的是对数函数运算法则。

你看，每年高考中为数不多的创新题目里，大部分还都充斥着类似的这种"新故事，旧考点"的内容，真正的创新屈指可数，我们下面来看一道真正意义上有水平的创新题。

一道真正意义上的创新题

在中国高考的历史上，除了全国统一命制的试卷之外，先后有 16 个省份进行过自主命题，它们分别是：上海、北京、天津、重庆、辽宁、江苏、浙江、安徽、福建、江西、山东、湖北、湖南、广东、四川及陕西。在众多自主命题的试卷中，要是问起"哪一个省份的试卷最难"，大家基本上都能达成一致意见——江苏。

江苏的数学卷是很多学生心中的噩梦。

除了江苏数学卷的分值特立独行（它居然有 160 分！）题型

令人头疼（以14道填空题开篇，没有选择题）之外，江苏卷的命题组也许是极少数真正能沉下心思搞创新的团队了。

比如，2017年的江苏卷，在最后一道计算题的最后一问，就创造性地把"韦达定理"和"函数与导数"进行了融合。众所周知，韦达定理在高中数学的传统框架下是用来在解析几何的板块计算弦长的。

当然更重要的是，这道题目还非常"创新"地把"立方差公式"这个考点给挖了出来，我们来看一看这道题目：

（2017年江苏卷T20）已知函数$f(x) = x^3 + ax^2 + bx + 1(a > 0, b \in R)$有极值，且导函数$f'(x)$的极值点是$f(x)$的零点。

（1）求b关于a的函数关系式，并写出定义域；

（2）证明：$b^2 > 3a$；

（3）若$f(x), f'(x)$这两个函数的所有极值之和不小于$-\dfrac{7}{2}$，求a的取值范围。

这道题的前两问只是个铺垫，仅仅涉及对函数零点与极值点性质的考查，它的核心其实是第三问，我们把这道题目的完整解答放在下面：

解：（1）因为$f(x) = x^3 + ax^2 + bx + 1$，

所以 $g(x)=f'(x)=3x^2+2ax+b, g'(x)=6x+2a$

令 $g'(x)=0$，解得 $x=-\dfrac{a}{3}$

由于当 $x>-\dfrac{a}{3}$ 时 $g'(x)>0$，$g(x)=f'(x)$ 单调递增；

当 $x<-\dfrac{a}{3}$ 时 $g'(x)<0$，$g(x)=f'(x)$ 单调递减；

所以 $f'(x)$ 的极小值点为 $x=-\dfrac{a}{3}$，

由于导函数 $f'(x)$ 的极值点是原函数 $f(x)$ 的零点，

所以 $f\left(-\dfrac{a}{3}\right)=0$，即 $-\dfrac{a^3}{27}+\dfrac{a^3}{9}-\dfrac{ab}{3}+1=0$

所以 $b=\dfrac{2a^2}{9}+\dfrac{3}{a}(a>0)$

因为 $f(x)=x^3+ax^2+bx+1(a>0,b\in R)$ 有极值，

所以 $f'(x)=3x^2+2ax+b=0$ 有实根，

所以 $4a^2-12b>0$，即 $a^2-\dfrac{2a^2}{3}-\dfrac{9}{a}>0$，解得 $a>3$

所以 $b=\dfrac{2a^2}{9}+\dfrac{3}{a}(a>3)$

（2）由（1）可知 $h(a)=b^2-3a=\dfrac{4a^4}{81}-\dfrac{5a}{3}+\dfrac{9}{a^2}=\dfrac{1}{81a^2}(4a^3-27)(a^3-27)$，由于 $a>3$，所以 $h(a)>0$，即 $b^2>3a$；

（3）解：由（1）可知 $f'(x)$ 的极小值为 $f'\left(-\dfrac{a}{3}\right)=b-\dfrac{a^2}{3}$

设 x_1,x_2 是 $y=f(x)$ 的两个极值点，则 $x_1+x_2=-\dfrac{2a}{3}$，$x_1x_2=\dfrac{b}{3}$

所以 $f(x_1)+f(x_2)=x_1^3+x_2^3+a(x_1^2+x_2^2)+b(x_1+x_2)+2$

$$= (x_1+x_2)[(x_1+x_2)^2-3x_1x_2]+a[(x_1+x_2)^2-2x_1x_2]+b(x_1+x_2)+2$$

$$= \frac{4a^3}{27}-\frac{2ab}{3}+2$$

又因为 $f(x)$ 和 $f'(x)$ 这两个函数的所有极值之和不小于 $-\frac{7}{2}$，

所以 $b-\frac{a^2}{3}+\frac{4a^3}{27}-\frac{2ab}{3}+2=\frac{3}{a}-\frac{a^2}{9} \geqslant -\frac{7}{2}$

因为 $a>3$，所以 $2a^3-63a-54 \leqslant 0$，

所以 $2a(a^2-36)+9(a-6) \leqslant 0$，

所以 $(a-6)(2a^2+12a+9) \leqslant 0$，

由于 $a>3$ 时 $2a^2+12a+9>0$，

所以 $a-6 \leqslant 0$，解得 $a \leqslant 6$，

所以 a 的取值范围是 $(3,6]$。

请注意，第三问答案的第一个"所以"后面出现的公式变形，是这道题目的核心所在：$x_1^3+x_2^3+a(x_1^2+x_2^2)+b(x_1+x_2)+2=(x_1+x_2)[(x_1+x_2)^2-3x_1x_2]+a[(x_1+x_2)^2-2x_1x_2]+b(x_1+x_2)+2$，它使用的是立方差公式。

立方差公式在高考中绝对是一个"创新"考点，这是一个在过去10年间一直被命题人遗漏的考点，是一个即使你使用全局搜索功能在考纲中也根本找不到明确表述的考点。

但是，它却是一直存在的考点。

如果翻开数学考纲的"考试范围与要求"这一章节，你可以在"导数及其应用"这个小节里看到一条很明确的表述：

能根据导数定义求函数 $y=C$（C 为常数），$y=x$，$y=x^2$，$y=x^3$，$y=\dfrac{1}{x}$，$y=\sqrt{x}$ 的导数。

这是一条容易被同学们忽略的表述，因为这句话中罗列的六个函数本质上都是幂函数，如果使用求导公式，大家可以很容易求得它们全部的导数。

然而，这句话的关键词是**"根据导数定义"**。

你还记得导数是如何定义的吗？

翻开人教版的选修教材可以看到，关于如何使用定义求解根号函数的导数，教材已经写得很详细了：

用定义法求函数 $y=f(x)=\sqrt{x}$ 的导数：

因为

$$\begin{aligned}
\dfrac{\Delta y}{\Delta x} &= \dfrac{f(x+\Delta x)-f(x)}{\Delta x} = \dfrac{\sqrt{x+\Delta x}-\sqrt{x}}{\Delta x} \\
&= \dfrac{\left(\sqrt{x+\Delta x}-\sqrt{x}\right)\left(\sqrt{x+\Delta x}+\sqrt{x}\right)}{\Delta x\left(\sqrt{x+\Delta x}+\sqrt{x}\right)} \\
&= \dfrac{1}{\sqrt{x+\Delta x}+\sqrt{x}}
\end{aligned}$$

所以

$$y' = \lim_{\Delta x \to 0} \frac{\Delta y}{\Delta x} = \lim_{\Delta x \to 0} \frac{1}{\sqrt{x+\Delta x}+\sqrt{x}} = \frac{1}{2\sqrt{x}}$$

注意，这个运算过程中本身就蕴含了一个很重要的变形技巧：平方差公式。注意看推导过程中的第二和第三个等号之间，分子和分母有什么变化。

三次函数求导的方法，教科书里没有写，各位同学也许认为是"类推可得"的。但如果你自己真提笔去算，就会发现这还真不是依葫芦画瓢就能轻易完成的，我给大家做了份笔记：

根据定义：

$$\frac{\Delta y}{\Delta x} = \frac{f(x+\Delta x)-f(x)}{\Delta x} = \frac{(x+\Delta x)^3 - x^3}{\Delta x}$$
$$= \frac{[(x+\Delta x)-x]\cdot[(x+\Delta x)^2 + x\cdot(x+\Delta x) + x^2]}{\Delta x}$$
$$= (x+\Delta x)^2 + x\cdot(x+\Delta x) + x^2$$

所以：

$$y' = \lim_{\Delta x \to 0} \frac{\Delta y}{\Delta x} = \lim_{\Delta x \to 0} (x+\Delta x)^2 + x\cdot(x+\Delta x) + x^2 = 3x^2$$

这里面用到最重要的一项工具，是立方差公式。除非使用这个公式进行代数变形，否则你是不可能得到最终结果的。

这就是立方差公式的出处所在，这是一个真正隐藏在字里行间的考点，在 2017 年被江苏卷的命题组老师给挖了出来。

不过，这道题中用到的其实是"立方和公式"，它只不过是将立方差（a^3-b^3）公式当中的 b 整体代换成了 $-b$ 而已。

创新的逻辑

每年都会有无数学生和老师向我提问：你认为今年的高考会有什么形式的创新？

让我来举个例子：小王对早点铺的老板说，给我来一碗热干面，做的时候多放点面，多放点芝麻酱，多放点葱，多放点花生和咸菜。

小王真正的目的，其实只是"来一碗热干面"，后面的那些都是细节要求。

综合来说，大纲的考查要求给命题人提出的创新建议是两条：其一是创设一个新颖的问题情境，其二是构造有"深度"和"广度"的问题。

还是举 2017 年高考数学江苏卷第 20 题的例子来说明吧。所谓"广度"，体现在这道题上就是"韦达定理"和"导数与函数"之间的联合；所谓"深度"，就是它从三次函数求导的定义中挖掘出了"立方差公式"。

这就是高考数学题目创新的全部逻辑，如果了解这些，我相信你下次再读考纲时，就会对它多一分细心。

 **改编**
命题人如何用有限考点对抗无限时间？

命题之所以是一项困难的工作，是因为命题人不但受到试卷容量这种空间因素的制约，还受到时间的制约。

按照我们之前的计算：高中的数学学科有 23 个核心章节，80 多个大类知识，数百个细节考点。而一张高考试卷（以全国卷为例）只有 23 道题目，常规设置 30 个问题。

让我们再从时间角度看看命题人受到的制约：十年来全国大约出现了 150 套高考真题，以每套试卷 30 问计算，有 4000～5000 个问题被公开。可是你还记得吗？我们的高中数学只有 80 多个大类知识，区区几百个知识点呀！

在这种数量对比下,你可以想象命题人的窘迫处境:放眼望去,能考的知识点几乎都被反复考过,而且创新如此之难,但为什么作为考生的你却仍旧感觉有些题目出其不意,甚至非常棘手呢?

答案是:命题人都站在了前人的肩膀之上。

高考数学是一个相对封闭的系统,是一个难以出现颠覆式创新的领域。如果在这种领域出现一个新想法,那么所有人都会一拥而上地向你"致敬"。大家会日复一日地把你的创新挂在嘴边,直至这个创新变得和所有"陈词滥调"一样普通。然后,大家会继续等待下一个创新出现。

这样的故事在人类历史的各行各业都不断上演,而你不要忘记:高考命题也只是一份工作,教育行业也是一个行业,高考命题人也是一群普通人。

下面让我们来看看高考命题组的老师们会如何改编那些已经被前人用烂的考点。

一道"古老"的题目原型

下面这道题来自 2013 年的全国 2 卷,它是这一年理科数学第一道大题的第一问:

$\triangle ABC$ 的内角 A,B,C 的对边分别为 a,b,c,

已知 $a = b \cdot \cos C + c \cdot \sin B$，求 B。

整个题目真正有价值的信息只有一个式子：$a = b \cdot \cos C + c \cdot \sin B$，考虑到"解三角形"这个板块知识关联的是一个三角形中的"3个角＋3个边"，而这短短的1个式子中，就包含了三角形的3条边和2个角，并且在形式上，它还把"正弦"和"余弦"都容纳了进来。

换言之：这道题目的题干虽短，但是信息量很大。

如果你翻开这道题目的标准解答，会发现这确实是一道结构精妙的题目：

解：依题，可由正弦定理得 $\sin A = \sin B \cdot \cos C + \sin C \cdot \sin B$；

注意到 $A+B+C=\pi$，则可知 $\pi - A = B+C$，因此：
$\sin A = \sin[\pi-(B+C)] = \sin(B+C) = \sin B \cdot \cos C + \cos B \cdot \sin C$；

故：$\sin B \cdot \cos C + \cos B \cdot \sin C = \sin B \cdot \cos C + \sin C \cdot \sin B$；

也就是说：$\sin B = \cos B$，因此：$B = \pi/4$。

它首先使用正弦定理统一了边和角的关系，进而利用"三角形内角和等于180度"消除了1个角，经过这两个步骤，题目中原本的3条边＋2个角就只剩下2个角了，5个元素瞬间消失了3个，然后在只有2个角的情况下，应用三角函数的恒等变换公式，完成了最终的答案导出。

我相信，任何学生第一眼见到这道题目时都会认为这是一道经过精心设计的题目。

2013年这道题目第一次出现在高考试卷上时，的确给很多考生造成了很大困扰。因为它还是第一道大题的第一问，很多同学在这里浪费了太多时间，消耗了大量精力，从而在后面70分的大题上彻底发挥失常。

这的确算得上是一次成功的命题创新。

解构：命题思路的起源

世界上所有的创新都不是凭空产生的。

牛顿在被苹果砸到之前已经思考过很多年行星轨迹的问题，拉斐尔在画出影响了整个启蒙时代的《圣母像》之前曾经画过大量习作，他甚至还临摹过达·芬奇的《蒙娜丽莎》。

如果你感觉一个事情特别新颖,那么这背后一定有被你忽视的线索。

比如前述这道题,如果你还能回忆起初中数学老师讲过的"射影定理",那将是一个完全不同的故事:

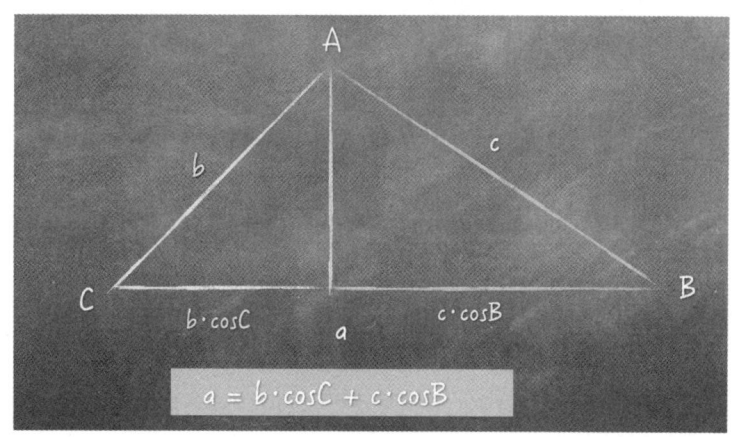

初中老师一定告诉过你:如果在一个三角形中对任意一边作高,那么这条边就会被高的垂足分为两部分,它们是另外两条边在底边上的投影。

这就是射影定理的几何意义,除了图中所列的一个公式之外,射影定理还有下述两个公式:

$b = a \cdot \cos C + c \cdot \cos A$

$c = a \cdot \cos B + b \cdot \cos A$

请你记住这一组公式。

如果你能从 2013 年全国 2 卷理科数学的第 17 题中发现"射影定理"的影子,那么它的解答过程就会被简化成下面这样:

解:考虑到射影定理:$a = b \cdot \cos C + c \cdot \cos B$;

结合题目条件:$a = b \cdot \cos C + c \cdot \sin B$;

可得:$\sin B = \cos B$,因此:$B = \pi/4$。

简而言之,这道题目的确在正余弦定理的框架内有创新,但却是从"射影定理"改造而来的创新。

创新的扩散

我们把时间轴往后拉 4 年。

2017 年全国 2 卷文科数学的第 16 题也是一道解三角形的题目。

你也许知道,高考数学全国卷的小题形式是 12 道选择题 +4 道填空题,第 16 题是最后一道填空题,这个位置传统而言不是"解三角形"应该出现的地方。

我们来看看这道题目：

> 在一个三角形中，已知边 a，b，c 对应的角分别为 A，B，C，若：$2b \cdot \cos B = a \cdot \cos C + c \cdot \cos A$，求 B。

还是一个条件，有边又有角，但这道题仿佛更难：它甚至把三角形中的三条边和三个角都包含了进来。

但是我相信你现在已经能口算出它的答案了，请注意这个等式的右侧 $a \cdot \cos C + c \cdot \cos A$，联系下我们刚刚提到的射影定理（$a \cdot \cos C + c \cdot \cos A = b$），那么等号左右两侧消掉边 b，就会得到 $\cos B = 1/2$，即角 B 是 60 度。

要知道，这可是被命题人放在关键位置上的难题呀！

却被你这样口算解决了。

假如你是 2017 年的文科考生，又恰好做过 2013 年全国 2 卷的理科数学真题，在考场上遇到这道题时你会是什么心情呢？

当然你可能会说：你这时间跨度也太大了，我一个 2017 年的考生有多大可能会去做这道 2013 年的题目，这可是 4 年前的题目啊！

事实上，你不需要做 4 年前的题目，如果你做的是 2016 年的真题，也行。

让我们再来看一道高考真题，这道题出自 2016 年全国 1 卷的理科试题，它也是当年的第一道大题的第一问：

在一个三角形中，已知边 a，b，c 对应的角分别为 A，B，C，若：$2\cos C(a\cdot\cos B+b\cdot\cos A)=c$，求 C。

现在你来口算一下，这道题目的答案应该是多少呢？

历年真题的关联

咱们来把这一小节出现的 3 道题目按时间顺序排列在下面：

（2013 年全国 2 卷理科数学 T17）△ABC 的内角 A，B，C 的对边分别为 a，b，c，已知 $a=b\cdot\cos C+c\cdot\sin B$，求 B。

（2016 年全国 1 卷理科数学 T17）在一个三角形中，已知边 a，b，c 对应的角分别为 A，B，C，若：$2\cos C(a\cdot\cos B+b\cdot\cos A)=c$，求 C。

（2017 年全国 2 卷文科数学 T16）在一个三角形中，已知边 a，b，c 对应的角分别为 A，B，C，若：$2b\cdot\cos B=a\cdot\cos C+c\cdot\cos A$，求 B。

你看，自从"射影定理"这个考点被某个天才的命题组老师挖掘出来之后，在之后的 5 年里 3 次登上全国卷的高考试卷，这体现了一条异常清晰的关联线：如果一个知识点在卷面上曾经存在，那么它就会一直存在。

因为创新，永远是一项高难度的工作。与真正的创新比起来，借鉴他人的创新思路，改写别人的创新成果，甚至直接沿袭别人的创新方法，要容易得多。

知道了这些，下一次在遇到让你耳目一新的高考题时，请你一定要往之前的试卷里多找找。

你遇到的"创新"题，更大的可能是对之前已经存在的题目的改写；之所以你认为它很新，很可能是因为你做的题还远远不够。

太阳底下其实没有新鲜事，高考试卷上也鲜有新鲜题。

如果你确信自己遇到的就是一道新题目，那么恭喜你，希望你一定要弄懂它。

就像弄懂 2013 年全国 2 卷理科数学真题的第 17 题那样。

 **考纲**
命题人如何考查《高考大纲》当中的"能力要求"?

《高考大纲》的文本内容总是让人很难理解,特别是其中涉及"能力考查"的部分让人非常迷茫。考纲所注重考查的"能力",究竟是如何体现在命题设计中的呢?

翻开历年的高考数学大纲,你会发现在第一章"考核目标与要求"的第二小节"能力要求"中罗列的 7 个指标,几乎总是雷打不动地出现,它们分别是:

空间想象能力;抽象概括能力;推理论证能力;运算求解能力;数据处理能力;应用意识;创新意识。

而且在每一个指标后面《高考大纲》编写者还给出了一段看

似十分详尽,实则抽象难懂的解释,比如在"运算求解能力"这一指标后面的描述是:

> 运算求解能力:会根据法则、公式进行正确运算、变形和数据处理,能根据问题的条件寻找与设计合理、简捷的运算途径,能根据要求对数据进行估计和近似计算。
>
> 运算求解能力是思维能力和运算技能的结合。运算包括对数字的计算、估值和近似计算,对式子的组合变形与分解变形,对几何图形各几何量的计算求解等。运算能力包括分析运算条件、探究运算方向、选择运算公式、确定运算程序等一系列过程中的思维能力,也包括在实施运算过程中遇到障碍而调整运算的能力。

现在考纲就在你的手上。你阅读它,甚至可以背诵它,但是你未必能真正理解它。除非你拿几道真题来对照它。

原则与案例

现在每一个中学老师在开教研会时都会说咱们的教学要"以纲为纲",每一本教辅资料都写着"全面贴合考纲",仿佛大家都很看重考纲，但你却很少能听到老师上课时跟你解释考纲。

尤其是仅仅照着一本考纲理解它的每一句话是什么意思。

这就有点像中国古代的经典——如果你问问学习先秦史的学者，他们会告诉你：《春秋》无疑是重要的书，这是古代儒家所定的官方经典，但如果你想理解《春秋》就需要看《左传》《公羊传》和《榖梁传》。

歌德说过，理论是灰色的，但生命之树常青。

其实这句话对高考也是成立的：考纲是灰色的，但真题是五彩斑斓的。

例一：根据公式法则运算

我们先看《高考大纲》中列举的关于"运算求解能力"的描述："会根据法则、公式进行正确运算、变形和数据处理"，这半句说的是对基本数学公式的理解。再拿一道真题对照，这是2018年北京文科数学第14题。请注意，北京卷只有14道小题，这是它最后一道填空题：

若 $\triangle ABC$ 的面积为 $\frac{\sqrt{3}}{4}(a^2+c^2-b^2)$，且 $\angle C$ 为钝角，则 $\angle B=$（　　）；$\frac{c}{a}$ 的取值范围是（　　）。

我们打开答案,看看这道题的第一问怎么解:

在 $\triangle ABC$ 中,由余弦定理得:$\cos B = \dfrac{a^2+c^2-b^2}{2ac}$

所以 $a^2+c^2-b^2=2ac \cdot \cos B$,

又 $S = \dfrac{1}{2}ac \cdot \sin B = \dfrac{\sqrt{3}}{4}(a^2+c^2-b^2)$,

所以 $\dfrac{1}{2}ac \cdot \sin B = \dfrac{\sqrt{3}}{4} \cdot 2ac \cdot \cos B$,

所以 $\tan B = \sqrt{3}$

所以 $B = \dfrac{\pi}{3}$。

请你关注这道题给出的条件,你看到 $a^2+c^2-b^2$ 这个条件时,能想到什么东西吗?

如果你能想到余弦定理,那就是"会根据法则、公式进行变形"了。

例二:对数据进行估计和近似计算

我们回到考纲,第四条要求的最后一部分是"能根据要求对数据进行估计和近似计算"。

这是什么估计方法呢?

我们来看看 2019 年全国 1 卷理科数学的第 3 题，这是一道非常简单的数值比大小的题目：

已知 $a = \log_2 0.2$，$b = 2^{0.2}$，$c = 0.2^{0.3}$，则（　　）
A. $a < b < c$　　　B. $a < c < b$
C. $c < a < b$　　　D. $b < c < a$

你看，a、b、c 这三个数都是非常奇怪的数字，你很难求得它们任何一个的精确值，所以当你需要比较它们的大小时，最基本的想法应当是："既然求不出精确值，那么我估计一个大概值总是可以的吧？"

所以解这道题的思路是利用函数的单调性，发现 a 是一个负数，b 一定大于 1，而 c 一定在 0 到 1 之间，这个题目就算解答完毕了。我们来看一下这道题的完整解答：

解：$a = \log_2 0.2 < \log_2 1 = 0$，$b = 2^{0.2} > 2^0 = 1$，
$\because 0 < 0.2^{0.3} < 0.2^0 = 1$，$\therefore c = 0.2^{0.3} \in (0, 1)$
$\therefore a < c < b$，故选：B

这就是考纲所谓的"对数据进行估计和近似计算"。

让我们重新对比这两道题目：尽管它们一道简单、一道困难，但它们的解题思路都暗合了考纲当中对"运算求解能力"的

考查细节；如果单单阅读考纲，你或许并不明白究竟什么叫"根据要求对数据进行估计和近似计算"，也不理解"根据法则、公式进行正确运算、变形和数据处理"的具体内涵。这两道高考题，则可以充当对抽象的考纲文本的注解。

事实上，考纲当中的每一句话都能找到不止一道真题与之对应。

让我们做个小小的预告：请仔细看本节前文引用的考纲，第二句话是"运算求解能力是思维能力和运算技能的结合，包括：……对式子的组合变形与分解变形……"

这又是怎么一回事儿呢？在这本书的第三章，我会讲到高中数学复杂公式的化简遵循一个统一的原则，并用具体的例子进行说明。

总之，如果你见识过足够多的题目，你会发现考纲当中的每一句话都会对应一些特殊的真题。

真题和考纲其实是同一个原则的两种表述形式，考纲字字珠玑，真题则鲜活无比。

如何理解考纲中抽象的"能力要求"？

让高考真题帮助你。

第二章

阅卷人
在想什么？

MATHEMATICS

1 流程揭秘
高考是一场公平的竞赛

大部分高中生会把"铃声响起,最后一场考试结束"的那个瞬间定义为自己高考的终点,认为交出试卷之后,剩下的事情就只能听天由命。

然而事实上,在另一个你看不到的房间里,真正决定你命运的故事才刚刚拉开序幕。

我是高考阅卷组的一位老师。

高考阅卷组是一个很少占用公共舆论资源的组织,你在正常情况下很少听到关于这个组织的公开讨论。

为什么呢?

一方面是因为和世界上所有组织一样，高考阅卷组运转良好的直接表现，就是所有人都感受不到它的存在。每一个学生交出试卷的时候，总能根据自己的考场表现预估一个大致分数，当你拿到成绩单时，也总能发现自己的实际得分和预期大体一致，这说明我们对你的判分和你的估分没有大的偏差。

另一方面，由于在中国高考本质上是一个重大的人才选拔机制，高考阅卷工作在某种程度上也成了一项政治性任务。

判卷可以轻易影响一个人的命运，所以这份工作需要非常小心，而且极其严格。

所有老师都在强调"多考一分，超越千人"，但是却没有多少人知道判分的人是如何决定考生的最终得分的。而当没有人在公开场所正式说明这些流程时，没有明确的信息源，谣言就会出现。

你一定多多少少听说过以下这些关于高考阅卷的传言：

老师1秒钟改一张卷子，只看最终答案，算错就0分；字写得好一点，老师也会多给一些分；判卷任务很重，老师为了赶时间不会那么严格。

当然，流传最广的还有这一条：实在不会写，也要编一些东西把答题卡写满，老师是会给你一些辛苦分的。

以上这些都对吗？

它们全部都是错的。

在这一章接下来的部分，我会向你介绍高考阅卷工作的基本流程和评分的基本原则，帮助你更加了解阅卷人的想法。

你的分数是由阅卷人判定的,但如果你了解阅卷机制,那么你的分数就由自己决定。

标准统一:阅卷老师的岗前培训

公平性是高考阅卷工作要遵循的首要准则。

但是公平是一个抽象的概念,具体到高考阅卷过程中,我们应该如何体现公平性呢?

第一条要求是阅卷组成员的个体偏好要抹除:对于同一张试卷,不同的阅卷老师给出的分值应该是一样的。

第二条要求是考生间的得分原则要保持统一:同一个阅卷老师,如果批阅的两张试卷使用了同样的解法,那么这两张试卷应该得到同样的分数。

高考阅卷组围绕这两条基本要求,进行了一系列的制度设计,保证阅卷的公平性。

中国每一个省份都有数十万考生参加高考,这么多的试卷要在 7~10 天的时间内批阅完毕,阅卷组里往往需要很多老师同时工作,高考阅卷的大部分制度设计都是为了保证不同的老师对评分细则保持统一的理解,具体的方法分为以下几步:

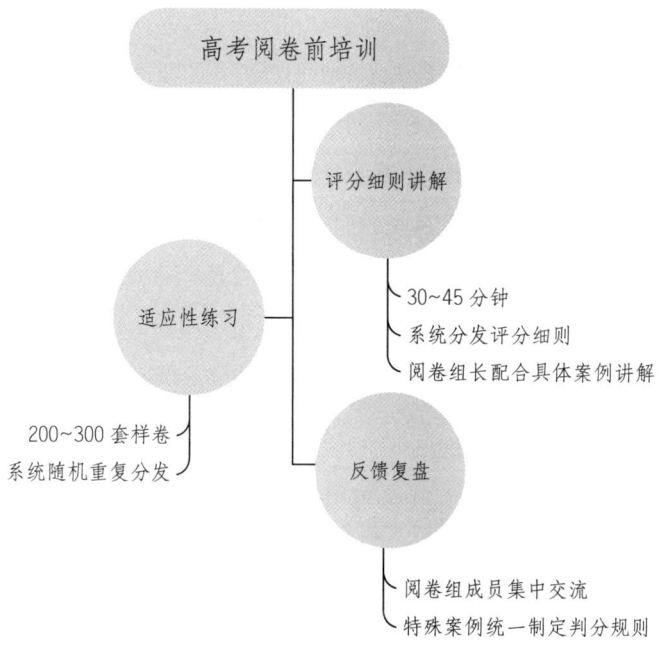

首先,和所有的工作一样,阅卷组是需要岗前培训的。

因为高考阅卷整个过程会持续7~10天的时间(通常来说是8天,很少超过9天的)。正常而言,7号8号高考结束后,考生的试卷会被扫描归档,阅卷工作一般从11号或12号开始。按照惯例,25号的凌晨考生就可以查分了,所以,通常而言分数的统计核对工作23号就要完成,严格来说,24号工作就已经全部结束了。

尽管时间这么紧,但我们一定会有半天的时间进行阅卷培训,具体内容是帮助每一位阅卷老师精确理解高考的评分细则。

在这段时间里,我们会签一份保密协议,强调一些纪律性问题,包括不能在阅卷期间私自接受媒体采访,严禁在阅卷期间公开透露评分细则等。

然后，我们每一位老师会领取一份即将批阅的题目的答案——这份被称为"评分细则"的东西与稍后省教育院公布的参考答案的内容是一致的，唯一的不同在于我们拿到的答案后面，每个步骤都标注了相应的分值，这就是我们工作的核心。

在纸质阅卷的时代，这份答案是需要每个老师签字领取，用完再上交的。但现在因为我们都改成了电子阅卷，这份答案就不再有纸质版，而是会在每一位阅卷老师的登录系统中自动保存。

阅卷组的组长会针对这个细则进行非常精细的讲解，精细到什么程度呢？

除了"每一个步骤哪个位置该给什么样的分数"这种普通问题以外，每一道题目阅卷组还会"猜测"学生会在哪些地方犯错误——比如有些题目的某个条件，就是命题人给学生挖下的坑，一道题目有不同的坑，阅卷组的老师则会评估考生掉进不同坑里的后果如何。

老师在教你"揣测命题人的意图"，其实阅卷人也在"揣测答题者的意图"。

阅卷组会将他们猜测考生会犯的那些典型错误罗列出来，并由阅卷组长向我们一一解释每一种错误出现时应该如何扣分。

当然了，在组长讲完了评分细则后，所有阅卷组成员在正式工作之前还有一个所谓的"适应性练习"：我们会从今年真正交上来的那些试卷中随机抽取几千套试卷作为"样卷"，发给每一位老师进行轮流打分，测试大家对评分细则的理解程度。这几千套试卷会不断在所有阅卷组老师的机器之间轮流打转，其目的就是帮助我们练习和感知。

这个训练的过程中，每个老师会批阅 200～300 份样卷。因为样卷是系统随机重复分发的，这意味着你虽然批阅了 200～300 套试卷，但这其中可能有 150 套都是重复的。有时一张试卷可能会重复出现在你面前，其目的是系统会比较你两次看到同一张试卷时的判分结果是否一致，也会对比你判出的分数和其他老师判出的分数是否差距过大。

如果你的判分与其他老师相比偏差特别大，那系统就会把你批阅的试卷给挑出来，阅卷组长会找你单独谈话，看看你对评分细则是不是了解得不够充分。

在适应性训练结束后，我们还会进行复盘。就是所有的阅卷组成员都集中在一起交流一下，看在我们批阅样卷的过程中有没有碰到一些非常特殊的案例，是之前大家闻所未闻的。

这个环节是我最喜欢的，阅卷过程很枯燥，但这个环节总是充满了惊喜。老师们会讲一些你根本就想不到的事情。

比如我在 2018 年阅卷的过程中就遇到了这样一个学生。

那一年全国 1 卷理科数学第 17 题是一个解三角形的题目，最后的问题是求一条边的长度：

在平面四边形 $ABCD$ 中，$\angle ADC=90°$，$\angle A=45°$，$AB=2$，$BD=5$。

（1）求 $\cos \angle ADB$；

（2）若 $DC = 2\sqrt{2}$，求 BC。

有一个熊孩子，估计是真的算不下去了，他居然在答题纸上画了一个特别标准的图（真的特别标准），然后写"根据精确作图，并测量可得……"

这道题目的最终结果是5，因为他画的图实在太精确了，所以他就量出了一个正确结果！

你看，这样的案例，命题组的老师事先能想到吗？

根本想不到！

但是在阅卷过程中就真的会出现，那对于这些非常特殊的案例我们应该如何判分？这不可能由任何一个老师单独做决定，我们会把这些特殊案例反馈给阅卷组长，然后所有老师一起讨论，最后将讨论决议纳入评分细则中。

即便是一个特殊案例，经过我们的评分流程之后老师们最终也会获得统一认知，如果下一次其他同学出现了同样特殊的解答，我们一定能保证两者的得分是一样的。

这就是我们所追求的公平性原则。

三重保护：阅卷流程中的公平性维护

除了在岗前培训阶段的制度设计，我们在真实的阅卷过程中也有很多环节可以随时监控老师对评分细则的把控。

在高考阅卷系统中，每一个监考老师登录之后屏幕上都有60秒的停顿，屏幕上会显示一行红色的字："现在已经进入正式评卷阶段,你的打分将直接影响考生的最终成绩,请严格执行评分细则。"60秒的时间里你什么都不能干,只能盯着它看。

每一个阅卷老师都明白,自己面对的不是流水线上的工业产品,每一份试卷背后都是一个十年苦读的学生。

参与高考阅卷的每一位老师自己也都经历过高考,还有一些曾执教毕业班多年。

知道了这些,你就明白网络上那些"随便改个分"的说法仅就老师的主观意愿而言都是很难成立的。

而且在客观条件上,老师的判分也会非常谨慎,比如阅卷系统的制度设计:

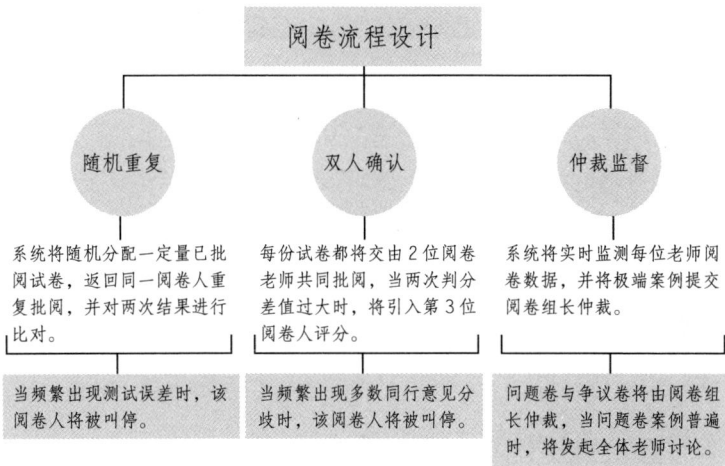

首先,我们的电子化阅卷系统会"随机重复"地给阅卷老师发放一些他们之前改过的试卷。

通常而言，如果老师每小时批阅几百上千份试卷，是不可能记住哪一张是自己改过的，但是系统会时不时悄悄地塞给我们一份自己之前改过的试卷，目的就是想要看一下，同一个人两次看同一份试卷，判的分数是不是丝毫不差。

这个分数是不能有任何误差的，如果你的两次判分出现误差，系统马上对你做一次记录，因为这代表你对评分细则的理解是有问题的，如果你总是出现这个问题，那阅卷组长就会把你叫出去单独谈话，看看你到底是怎么回事儿。

第二个系统设置叫作"双人确认"。这可能是流传最广的一个设计，很多同学都听过这个说法：每一份试卷系统都至少会分发给两位老师批阅，100万份试卷我们至少要批阅200万次，尽管这样让我们整体的工作量直接翻倍，但这是必要的工作。

对于每一道题目，系统都会设置一个容错率。这个分数通常是1～2分，往往跟这道题目的总分值相关。比如高考数学全国卷的大题都是12分，那么它的容错率一般是2分。

当两位老师批阅同一道题目后，系统会比较这两个老师评分的差值，如果这个差值不超过容错率，那么一个学生的最终得分将会是这两位老师打分的均值：比如一张试卷的某一道题，我认为这位考生应该得8分，另一个老师认为应该得9分，那么，这个学生这道题的最终得分会是8.5分。

但是，如果两位老师对同一道题目的评分超过容错率，那么系统会引入第三位阅卷老师打分，并且对比这三位老师的差值，取差值最小的那两位老师的分值平均。比如同一张试卷的某一道题，我认为只能得5分，另一个老师认为其实可以给8分，这时系统就会引入第三个老师来进行评分。假如第三个老师打的是6分，那么系统会比较5、8、6这三个数据，很明显5和6差值更小，所以这个学生这道题最终得分是5.5分。

这个时候，打8分的那位老师实际上判分作废了。这个在我们的行话里叫作"废卷"。废卷意味着你批阅的题目的分值和同行之间出现了特别大的偏差，在刚刚的例子里，大多数人都认为这是一个5～6分的试卷，你怎么就认为它值8分呢？这肯定是你对评分细则的理解有问题，所以如果一个老师判出的废卷率太高的话，仍然会被阅卷组长叫出去单独谈话。

最后，还有一种非常特殊的情况，就是我们会在阅卷过程中碰到一些在最初版本的评分细则之外的解法，它是正确的解法，但在我们的评分细则之外。这种情况在解析几何和导数的大题当中经常碰到。

遇到这种在评分细则上不存在的解法，我们阅卷组的老师是没有权限直接判分的。这时我们会点击阅卷系统中的"问题卷"，将这份试卷直接提交到阅卷组长那里。然后，我们会在下午阅卷开始前召开分析会议，全体老师讨论一下这种解法应不应该给分，应该给多少分。当这个标准一旦达成，我们就会形成一个决议，把这个决议补在我们的评分细则后面，以附录的形式发放给每一个老师。等于这个所谓的"特殊解法"也被纳入到了评分细则的范围之内，以后如果遇到类似的情况，根据评分细则执行判分即可。

你可以看到，整个阅卷的流程是非常标准化的。

 **卷面布局**
更科学的答题卡长什么样?

每一位老师都向同学们强调过保持良好卷面书写习惯的重要性。你也许知道卷面很重要,但你可能不知道卷面究竟有多重要。

我想先给你讲个我在阅卷场上遇到的真实故事。

一次卷面"翻车事故"

在作为高考阅卷人批阅试卷的过程中,我碰到过的一个极端的例子是这样的：一个学生用整张答题纸80%的区域完成了题目的标准作答，他写的本身是一个正确的答案，可是不知道出于什么样的原因，他将自己的正确答案全部用叉划掉，然后在剩下20%的狭小区域内重新作答。

结果，第二个答案他算到一半，大概发现好像还是第一次的答案更加正确，因此他把第二个答案用密集的条纹全部划掉，在试卷最后一行写了这样一句话："老师：第一个答案是对的，请忽略那个叉。"

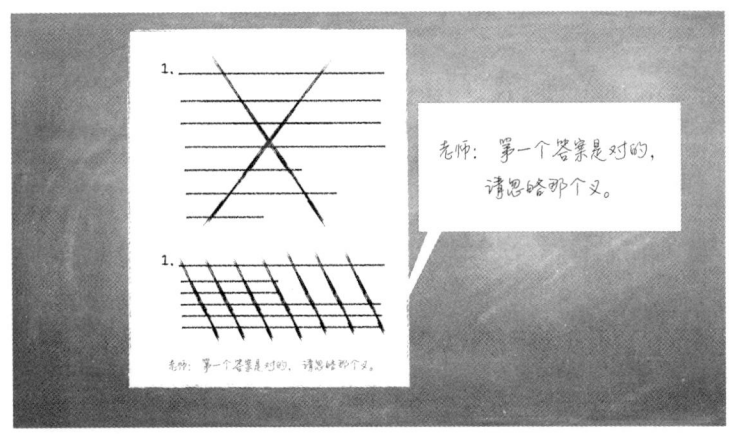

如果不是亲眼所见，我这辈子都不会想到居然在高考考场上还有学生能出现这种操作！

反面案例汇总

实际上，在批阅过数万份高考试卷后，发现有几类特别典型的布局失误，我把这些错误的布局方式整合在两个典型案例中：

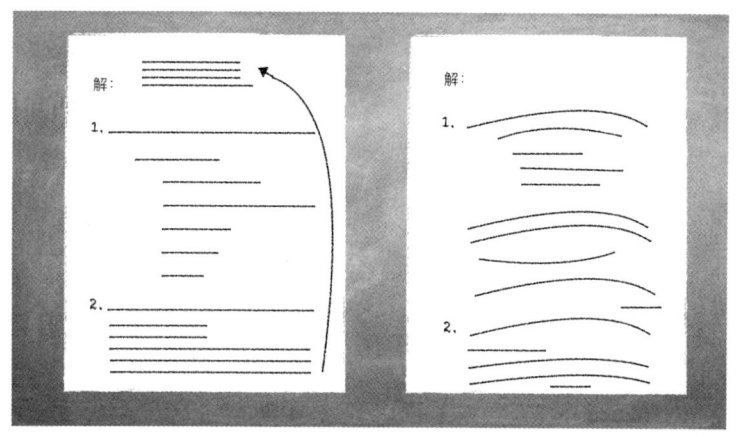

即便你不是一个高考阅卷老师，在你第一眼看到这两张答题纸时也会立即发现它们的问题所在：

左侧的这张答题纸问题有三，一是整个解答起始点的位置太低，导致后面空余位置不足，考生不得不在下面拉了一个箭头返回到答题纸顶端继续答题。

造成后面答题区域不足的原因之二：在最初的几行，考生没有合理地控制自己的行间距，而这毫无疑问是他习惯使然。

第三个问题图中没有呈现，就是第一问的中间部分他用大量的空间进行了公式的化简运算,这可能是导致他最终底部空间不足的"致命原因"。

而右侧的这张答题纸呢?首先整张卷面的字迹歪歪扭扭。高考的答题纸是一张空白纸,其中没有任何格子,有些同学平时是用带有横线或方格的笔记本进行练习,所以在完全空白的纸上难以控制整行笔迹的走向,这产生的严重后果是:字迹歪歪扭扭,运算过程和结果不清晰,叫阅卷老师看了头大。回到我们的例子中来,你可以看到右侧第二张答题纸的倒数第二行都弯到了与倒数第一行齐平的右下角。

根据一般人的阅读经验,整张试卷的右下角应该是文段结束的地方,也是你整道题目最终答案显示的地方。而像右侧答题纸中的笔迹特点将会对阅卷老师产生极大的误导,从而降低你的得分率。

我相信,有同学能从这两张答题纸中发现自己的影子。

这些问题都会在未来的考场中给同学们带来不必要的麻烦,下面让我来逐条谈一下它们的改进策略。

改进策略

我重新展示一下第一张答题纸:

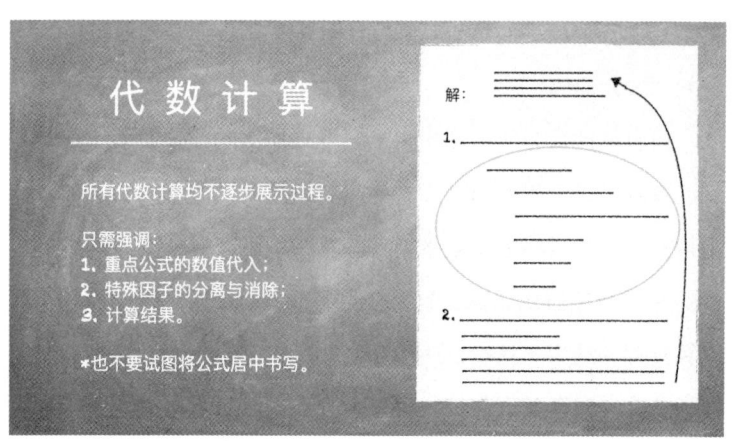

请注意这一张答题纸的中部区域,用大量的篇幅进行了一个方程的化简运算。很多同学在高考考场上保留了初中时代的运算习惯,习惯于将方程化简的每一个步骤保持等号对齐,进行化简。

但是,如果你认真阅读历年高考真题的标准答案,就会发现那些由省考试院公布的标准答案中是没有代数计算的具体步骤的。

我还想提醒一点,有些同学受到课本教材的影响,总希望将自己的公式居中书写。但有些公式展开之后,一些项会非常长,如果你的起笔太靠后,整个公式将无法在一行之内完成,折返回第二行时,如果你又习惯性地将补充的部分靠右书写,整个卷面看上去会非常奇怪。

我的建议是将公式视为独立的文段统一左侧对齐书写。

再来看第一份卷面中存在的另外两个问题：

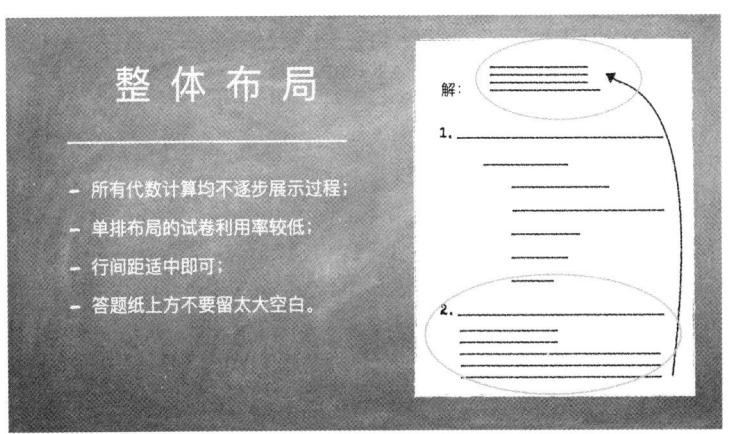

在答题纸上作答时，如果你试图从最左侧一行直接写到最右侧，答题纸将会有大比例的空白区域，这将直接影响答题纸空间的利用率。而假设你**使用双排布局，答题纸的整体利用率就会得到极大的提高。**

此外，这份试卷中如果第一道大题答题的行间距过宽，就会造成第二题答题区域不足。因此从现在开始，你需要**刻意规范自己答题时的行间距，不要随心所欲，建议你让每两行之间的距离就像 Word 中的 1.5 倍行间距**。这样做有一个好处，未来当你发现自己的某一步出现错误时，可以方便地在这样的行间距内直接进行修改，而不需要将整行字迹全部划掉。

我还想请你注意，无论在你开始答题时预判这道题目自己需**要多大的区域，我都建议你以后永远从答题纸的最上方开始书**

写。因为运算中的具体过程和相关细节是你难以估测的，这张试卷的悲剧其实就源于这位同学在答题纸的上方预留了过多的空白。

接下来我再详细谈一下第二份答题纸的改进策略。

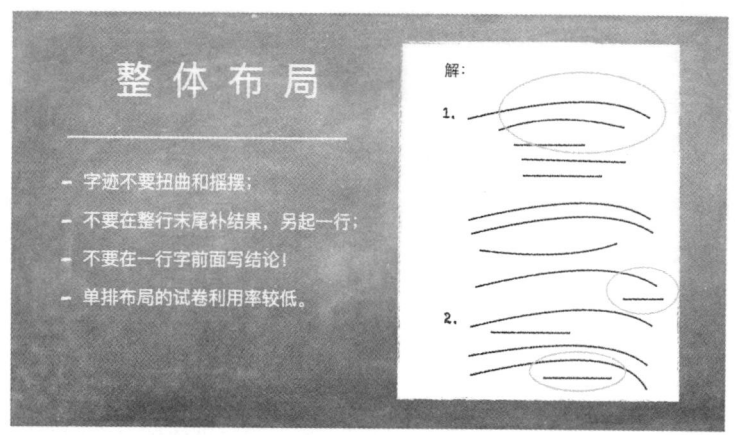

请各位同学从现在开始就刻意规范自己在空白答题纸上书写的字迹走向，不要让自己的单行字迹波动超过一行的宽度。也就是说，**你一定不能让自己第一行的字歪到第二行去。**

有些同学说：老师道理我都懂，可是在空白纸上书写的时候我就仿佛控制不了自己的手，不由自主就会歪到下一行去。

这里有一个不错的小技巧。一行字，你写得越长，弯曲的可能性就会越大，因此**想要改善这种把字写歪的情况，有一种最为简单的方法，那就是采用我们前面说过的双排布局，每行写得短一点。**

另外，请你注意这张图中我标注的第二个圆圈。大多数同学在一行用完，发现还差几个字就能完成整句话的时候，习惯在整行的末尾补充一个结果，而不是另起一行从头继续书写。

这是一种非常坏的书写习惯，它并不能帮你节省纸张，因为你绝对不能在补充的结果前面开始写下一道题的答案。否则，你就相当于把第一问的结果写在了第二问的区域当中，这就大大降低了阅卷老师识别你第一问结果的可能性。

因此我在这里特别强调：**请永远不要在整行字迹的右下方补结果，无论你剩下的字有多少，都要另起一行左端对齐，开始书写。**

最后一个值得强调的问题是：在整个答题的过程中，最为重要的内容其实是你的结果。阅卷场上，大部分老师只要看到你最终结果是正确的，在非常迅速地确认你答题的基本过程逻辑清晰、符合要求之后，就会判你满分，因此这个结果一定要非常显眼。

当然，你不能在自己的结果下方画一条横线，更不能把这个结果直接圈出来或打一个五角星。因为这样做会被阅卷老师判为刻意标记。强调题目最终结果最有效的方法是：将整个结果放在最后一行单独书写，也就是说这个结果的后面不应该再有任何内容。

总结来说，第二张答题纸第二问最突出的问题就是：由于这位同学写的字扭曲太严重，导致阅卷老师搜寻最终结果的难度大大增加。

考场上更科学的答题卡长什么样？

那么，综合上面所有的方法和案例，我们应该如何让自己的答题卡成为高考考场上更科学的答题卡呢？

我有 5 条建议：

推荐布局

- 双排布局，充分利用试卷空间；
- 1.5 倍行间距，为修改留有余地；
- 尽可能从答题纸左上方开始；
- 略去不必要的计算细节；
- 每一行左侧对齐。

第一，解答任何一道大题时，无论简单与否，你都要坚持双排布局。这样可以帮助你最为充分地利用答题卡上的空间，还可以帮助你改善在空白页面上因为整行过长而导致字迹扭曲的情况。

第二，你要保持 1.5 倍的行间距，为错题的修改留有余地。

第三，你还要尽可能地从答题纸的左上方开始书写，不要在前面空有大量的位置，最后发现空间不够了，再用一个箭头将书写目标拉至试卷前方。

第四,值得注意的是,你不必将自己的计算细节完全展示在答题界面中,因为阅卷老师只关心你的公式是怎么来的,以及整个公式的运算结果。

第五,请不要在一行结束的末尾右下角补充结果,要做到所有的作答均左对齐从头书写。

希望以上的这5条建议,能够帮助你养成良好的卷面布局习惯。

规范作图
如何在答题卡中体现图像关键信息？

"图像"是高中数学中的一个重要工具，"数形结合"是高中数学老师最常提及的思维方式。

图像具有比文字和公式更高的信息整合度，它可以帮你发现题目条件的关联，甚至有些时候，你的图像就是答案本身：因为一道题目的题干往往会给予我们许多已知数据，仅仅盯着这些数据和条件进行思索，你可能很难发现这些条件之间具有怎样的关联。

但是如果你把它们转换成具体的图像，并将已知数据标注在图像的相应位置上，你就可以非常直观地通过图像了解到所有数据之间的相应关系，这就是数学老师经常向学生强调"数形结合"的原因所在。

甚至高考数学中的一些题目，也是完全可以通过观察图像的方法得到最终结果的。

那么，高考数学的计算题答题卡区域内，允许你画图吗？

如果允许，你能只画一个图吗？

一道高考题目的初中解法

我们再来讲一个真实的故事，这件事同样发生在我批阅高考试卷的过程中。

我们在这一章的第一节里提到过 2018 年的全国 1 卷理科数学第 17 题——一道解三角形的题目：

在平面四边形 $ABCD$ 中，$\angle ADC = 90°$，$\angle A = 45°$，$AB = 2$，$BD = 5$。

（1）求 $\cos \angle ADB$；

（2）若 $DC = 2\sqrt{2}$，求 BC。

之前我们说过有学生居然在考场上通过精确画图量出了最后一问的答案，但你以为考场上的神答案只有这一种吗？

绝对不止。

如果你学过高中数学的"解三角形",那么你会知道这道题目本质上是在考查"正余弦定理"。

但这道题如果你拿给一位初中生,说不定他也能做出答案。因为你不需要"正余弦定理"也能解答这道题,你只需要作几条辅助线就可以。

我把这道题目的几何解法放在了下图中。请注意,该图的解题思路是正确的,但不代表解题答案是完整的。这样的写法不符合阅卷的评分标准。具体在借助图像工具解答高考数学题目时,应注意哪些细节,我们在稍后的章节中还会更进一步讲到。

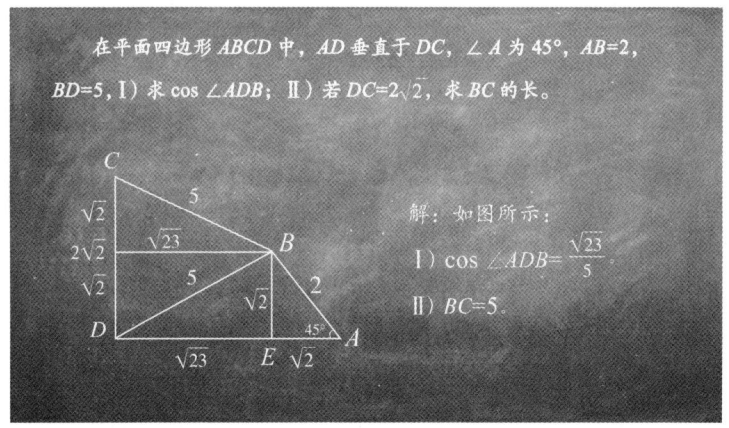

你可以看到在四边形 ABCD 中,题目给了四个条件:它们分别是两个角的角度和两条边的长度,第二问又给出了 DC 这条边的边长,把一个四边形分割成了两个三角形。

如果你过点 B 再作两条垂线，就可以进一步把整个图像分割为四个直角三角形。

现在请你仔细看上图，我们从右下方开始说起：

首先因为角 A 是 45 度，在直角三角形 ABE 中，我们可以轻易地算出 BE 和 AE 的边长为 $\sqrt{2}$。

然后，在三角形 BDE 中考虑到斜边 BD=5，因此通过勾股定理，你还可以算出 DE 的边长为 $\sqrt{23}$，从而在直角三角形 BDE 中，可以轻易地得到角 ADB 的余弦值为 $\dfrac{\sqrt{23}}{5}$，第一问解答完毕。

接下来你可以注意到：我们所作的两条垂线与 CD 和 DE 构成了一个矩形，由于已知 $DC=2\sqrt{2}$，BE 所对的那条矩形的宽只是 DC 边长的一半，因此 CDB 事实上是一个等腰三角形，从而 BC 的边长等于 BD，那么，第二问的答案应该是 5。

事实上，这样的方法非常初级，但是极其有效。尽管没有用到任何高中知识，但是这样的解题思路也被考试院列为对社会公布的标准答案之一。

一个特殊的作图案例

在 2018 年的阅卷场上，我遇到的另一个极端的案例是这个样子的：一名考生在试卷的答题纸上清晰地画出了我们上一小节演示图中的这个图像，一个四边形，加上题目条件给出的对角线和两条辅助线，整个图像总共有七条线段。

他在这一张图的七条线段上准确标注了每一条线段的长度，可偏偏整张试卷没有任何关于计算过程的文字描述。

他的整个答题纸页面只有这一个图像和三行文字，我把他全部的文字叙述呈现在下面，大家可以看到这三行文字分别是：

解：如图所示，
$\cos \angle ADB = \dfrac{\sqrt{23}}{5}$。
$BC=5$。

真是言简意赅，一个字都不愿多写。

你看，他的思路明显正确，结果也没有问题，然而却缺乏评分细则里罗列的关键步骤的必要描述。如果你是阅卷老师，你打算怎么处理这张试卷？

我只好按照标准流程，把这份试卷标注为问题卷，直接提交给了阅卷组长，发起集体商议。

我无法向你透露这次商议的最终结果，但是很明显，我讲出这个故事，是想要告诉你这样的答题方式是绝对不被推荐的。

各位同学在高考答题的过程中，有时候会不可避免地需要画一些图像作为辅助工具，切记在作图的过程中，有些关键的图像与数据来源方式需要进行说明。

图像标注策略

在涉及几何作图的评分细则中,"辅助线"与"辅助点"的绘制方法以及相关线段长度的计算思路是被作为采分点进行明确标注的。

当你需要在图形中绘制题目没有给出的辅助线时,就需要具体说明这条辅助线的绘制方法,例如:过某一点,作另一条直线的垂线,或者过某一点,作另一条直线的平行线。此外,一些辅助点的绘制方法,也需要用文字加以具体说明,例如:你想要作某条线段的中点,或某条线段的三等分点,等等。

题目中没有给出的线段长度,如果你标注在了图形中,那么具体的计算思路也需要使用文字加以说明。比如,有些线段的长度,是通过三角形中的勾股定理进行计算的;或者有一些线段的长度,是通过三角形相似的比例关系进行计算的。

上面我所列举的内容,均需要使用具体的文字对其计算思路加以说明。

一道与"立体几何"相关的例题

当然,在数学的高考试卷中还有一类题目与几何图像密切相关,那就是立体几何与空间向量,我们不妨看一道立体几何题目的标准解答过程。

下面这道题出自2016年全国新课标三卷理科数学的19题:

如图,四棱锥$P\text{-}ABCD$中,PA垂直于底面$ABCD$,$AD\parallel BC$,$AB=AD=AC=3$,$PA=BC=4$,M为线段AD上一点,$AM=2MD$,N为PC的中点:

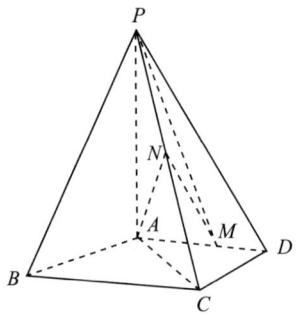

(Ⅰ) 证明 $MN\parallel$ 平面 PAB;

(Ⅱ) 求直线AN与平面PMN所成角的正弦值。

这道题的第一问是求证线面平行,请你回忆一下咱们在第一章第三小节谈到过的立体几何证明框架,如果要作辅助线,这道题目的辅助线应该出现在哪里?

这道题的第二问是求直线与平面所成角的正弦值,解答这类问题应该建立一个直角坐标系,因此你要回答得更具体的问题就是,这个坐标系的三条坐标轴应该放在什么位置?

我把这道题目的标准答案放在下面,请你仔细观察它的文字叙述:

解:(Ⅰ)由已知得 $AM = \frac{2}{3}AD = 2$

取 BP 的中点 T,连接 AT,TN。

由 N 为 PC 的中点知 $TN/\!/BC$,$TN = \frac{1}{2}BC = 2$

又故 TN 平行且等于 AM,四边形 $AMNT$ 为平行四边形,于是 $MN/\!/AT$

因为 $AT \subset$ 面 PAB,$MN \not\subset$ 平面 PAB,所以 $MN/\!/$ 平面 PAB

(Ⅱ)取 BC 的中点 E,连接 AE,由 $AB=AC$ 得 $AE \perp BC$,从而 $AE \perp AD$ 且 $AE = \sqrt{AB^2 - BE^2} = \sqrt{AB^2 - \left(\frac{BC}{2}\right)^2} = \sqrt{5}$

以 A 为坐标原点,$\overrightarrow{AE}$ 的方向为 x 轴正方向,建立如图所示的空间直角坐标系 A-xyz。

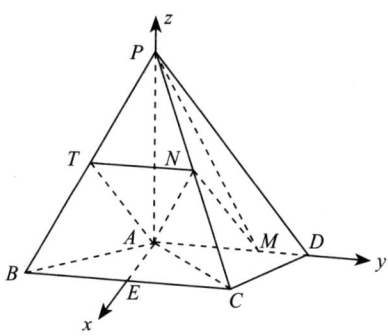

由题意知：$P(0,0,4)$, $M(0,2,0)$, $C(\sqrt{5},2,0)$, $N(\frac{\sqrt{5}}{2},1,2)$

$\overrightarrow{AN}=(\frac{\sqrt{5}}{2},1,2)$

设 $\vec{n}=(x,y,z)$ 为平面 PMN 的法向量，则 $\vec{n}\cdot\overrightarrow{PM}=0$ 且 $\vec{n}\cdot\overrightarrow{PN}=0$

即 $2x-4z=0$ 且 $\overrightarrow{PM}=(0,2,-4)$, $\overrightarrow{PN}=(\frac{\sqrt{5}}{2},1,-2)$

$\frac{\sqrt{5}}{2}x+y-2z=0$

取 $\vec{n}=(0,2,1)$

于是 $|\cos<\vec{n},\overrightarrow{AN}>|=\frac{\vec{n}\cdot\overrightarrow{AN}}{|\vec{n}||\overrightarrow{AN}|}=\frac{8\sqrt{5}}{25}$

答案的第一步是找到了 BP 的中点，并以之为端点连接了两条辅助线；而答案的第二步涉及空间建系，标准的解答中，用文字说明了坐标系是如何建立的：它以哪个点为原点？又分别以哪些方向为三条坐标轴的正方向？

在坐标系建立完成之后，标准答案直接标注相关点的空间直角坐标，它没有花费大量篇幅详细叙述每一个点的坐标。

因为就这道立体几何与空间向量的题目而言，老师真正关注的重点是如何计算平面的法向量以及判别直线与平面的平行关系。

许多同学在解立体几何的大题时，用了详细的步骤说明每一个点的坐标是如何计算得到的，其实并没有必要。

阅卷人真正关注的重点是你的图是如何画的。一旦你的图像绘制过程无误，那么搭配正确的运算结果，我们就不再关注你的具体运算细节。

总结：图像与数据标注

前面我通过两道具体的题目向你详细解释了高考试卷中关键图像与关键数据的标注方式，我将它们和另几种常见的图像与数据标注形式总结在下面的图中。

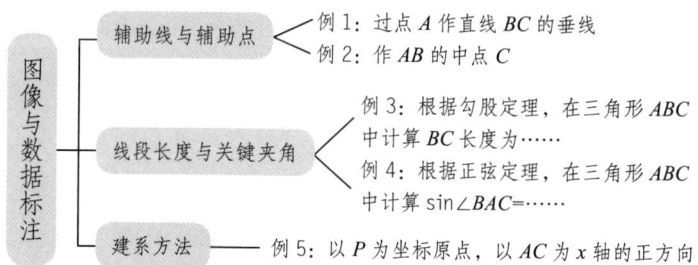

通常而言，在引入"辅助线"与"辅助点"时，需要对它们的绘制方法进行具体的文字说明；在计算出未知线段的长度时，也需要对这条线段的计算思路进行说明。

当然也有例外，比如前面说的立体几何与空间向量这道大题。这道大题的第二问，阅卷老师真正关心的是你的空间建系思维以及向量方法的应用能力，所以作图过程中，你只需要说明坐标系的建立方法，然后直接标出各个点在该坐标系下对应的空间直角坐标即可。

希望这一节的内容可以帮助你更好地处理答题纸上的图像。

# 应急技巧
完全不会时,如何拿到30%的卷面分?

《高考大纲》是约束命题人的规则,评分细则是约束阅卷人的规则。

人们为什么强调规则、重视规则?

因为,如果你想玩好一场游戏,首先你要遵守规则,不能违反规则;其次,了解规则之后,你才可以利用规则。

我们之前详细解释了评分细则中的核心要点,接下来我将教给你们一些考场上的应急策略,它们可以让你在不违反规则的情况下将自己的考试得分最大化。

计算题的临场应急策略

我想先问大家一个问题：如果考场上遇到了根本不会做的题目，你会怎么办？

选择题你可以逐个代入验证，实在不行你还能蒙，但是大题呢？

如果一道大题你完全没思路，你会怎么办？

有些同学非常诚实，面对自己不会的题目就直接放弃。这可是一道 12 分的大题啊！

还有些同学受到了错误观念的影响，盲目地在答题区域写了很多没用的废话。也有些同学，选择把这个题目涉及的相关公式全部写在卷子上。这的确不失为一个"聪明"的办法，可问题在于，同样是默写公式，有些同学就能够拿到相应的步骤分，可有些同学写了公式却仍然是竹篮打水一场空。

这是为什么呢？

也许有些同学把这不同的结果归因于运气的好坏。

而我要拿一道具体的题目来告诉你，为什么有些时候你写了很多公式，最终一分都没有得到；而有些时候，你仅仅默写公式，却仍然能为自己挽回一些步骤分。

怎样默写公式才能得分？

我们以下面这道题为例，它来自 2016 年全国 1 卷理科数学第 17 题，模拟一个真实的考场情境：

$\triangle ABC$ 的内角 A，B，C 的对边分别为 a，b，c，已知 $2\cos C(a \cdot \cos B + b \cdot \cos A) = c$。

（1）求 C；

（2）若 $c = \sqrt{7}$，$\triangle ABC$ 的面积为 $\dfrac{3\sqrt{3}}{2}$，求 $\triangle ABC$ 的周长。

假设你在考场上读完这道题目之后毫无思路，完全不知道应该怎样处理，那你最优的应对方法是什么呢？

试着回忆下咱们上一节已经解释过的评分细则关注的重点：在全部的分值里，与题目相关的定理和公式，跟运算结果几乎是对半平分卷面分的。

你题目做不出来，但总能看出来这道题目考查的是"解三角形"这个板块吧？

那么，这个板块总是有正、余弦定理的吧？

所以，你可以选择把跟三角形相关的公式默写上去。

而且，值得注意的是，这道题的第二问有一个跟三角形面积相关的条件：$S_{\triangle ABC} = \dfrac{3\sqrt{3}}{2}$——那你有没有想到什么与三角形面积相关的公式呢？

请你回头再看一眼上一节列出的评分细则，这个公式本身就值 1 分，也就是说你不需要运算结果，仅仅默写这个公式就可以拿 1 分。

但是，请你特别注意这个公式的细节，尽管这是一个关于三角形面积的公式，可它却不是我随意写上去的一个公式。

让我们来举个更详细的反例吧：同样是默写的公式，第一个关于三角形面积的公式就能够让你获得 1 分的步骤分。

公式 1：$S_{\triangle ABC} = \dfrac{1}{2} ab \cdot \sin C$

而如果你写下面这个公式，尽管它也是一个正确的公式，但在这里就不能得分。

公式 2：$S_{\triangle ABC} = \dfrac{1}{2} bc \cdot \sin A$

选对公式的核心在于，第一问已经让你求出了角 C，因此可以推测这道题目用到的求解三角形面积的公式应该是跟角 C 相关的那个。尽管你不会用这个公式，但至少要学会根据题目给定的隐含条件选择对的公式。只要用对了公式，就会得到相应的步骤分。

也就是说，想让自己的公式得分，就不能默写传统意义上的标准公式，而应当结合题目中所给的条件（包括隐藏条件），将相关的量代入到公式当中去。

说得更明白一点，就是你列出公式而拿的分不是因为你默写了它，而是因为你通过将题目中的特定条件代入了一个公式，从而向阅卷老师表明你非常清楚这道题应该用哪个公式。

你要默写的是一个与本题高度相关的公式。

另一道练习题

我们再拿 2018 年全国 1 卷理科数学的第 17 题做例子吧，这道题目在本章第一节就出现过：

在平面四边形 ABCD 中，∠ADC=90°，∠A=45°，AB=2，BD=5。

（1）求 cos∠ADB；

（2）若 $DC = 2\sqrt{2}$，求 BC。

这道题目的第一问，按照正常的解法是要在三角形 ABC 中使用正弦定理，第二问则是要在三角形 BDC 中使用余弦定理。

我把这道题最稳妥的解法放在下面，请你仔细观察这个解答过程：

（1）在 △ADB 中，由正弦定理得 $\dfrac{BD}{\sin \angle A} = \dfrac{AB}{\sin \angle ADB}$

代入数据得：$\sin \angle ADB = \dfrac{\sqrt{2}}{5}$，

由题设知，∠ADB<90°，所以 $\cos \angle ADB = \sqrt{1 - \dfrac{2}{25}} = \dfrac{\sqrt{23}}{5}$。

（2）由题设及（1）知，$\cos \angle BDC = \sin \angle ADB = \dfrac{\sqrt{2}}{5}$，

在 △BCD 中，由余弦定理得：

$BC^2 = BD^2 + DC^2 - 2 \cdot BD \cdot DC \cdot \cos \angle BDC$，

代入数据得：$BD^2 = 25$，所以 $BC = 5$。

你仔细看这个过程中答题人默写的两个公式——

第一问涉及的正弦定理，答题人写的是：

$\dfrac{BD}{\sin \angle A} = \dfrac{AB}{\sin \angle ADB}$；

第二问涉及的余弦定理，答题人写的是：

$BC^2 = BD^2 + DC^2 - 2 \cdot BD \cdot DC \cdot \cos \angle BDC$。

标准答案是将题目中的各个边和角的名称，直接代入了正弦定理和余弦定理的公式，而不是单纯地默写一个类似于教科书上的标准公式。

在高考考场上，只有采取这样的方式默写公式，才能拿到相应的步骤分。

下一次遇到自己完全不会的题目时，一定不要空着，要仔细审题，看问题可能涉及的公式是什么，记得把相关联的公式写上去。在默写公式的过程中，我要特别提醒你的是，不要默写标准的公式，而要将公式中的代数符号替换为题目中的具体内容。

只有这样，你才能最大限度地为自己争取步骤分。

 **考场抢救**
三类特殊题目的救场策略

上一节,我们站在评分细则的角度解释了如何在题目完全不会做的时候通过书写恰当的公式,为自己尽可能保留多一些的卷面分。这个方法是对任何板块的知识都成立的通用技巧。

除此之外,高考数学题目中还存在一些特殊的板块,由于这些题目自身的固有属性,对于它们,我们有更具针对性的解答策略。

解析几何与解三角形：几何视角下的代数问题

还记得前面我讲过的那个考场上通过精确作图，测量一条边的边长得到正确答案的考生吗？

我们抛开戏谑和调侃，不得不承认，这个考生处理问题的方法称得上"机智"。

作图量数据作为一道大题的解法，看上去是有些荒谬，可是要知道在高考 150 分的试卷中，有超过半数的分值是选择和填空构成的小题，这些题目是不需要具体的计算过程的，那么在你实在想不到合适解法的情况下，对于小题，你难道打算让它空着吗？

从可行性的层面来看，这种作图量数据的方法之所以能奏效，背后的深层原因是：高考考场上"解三角形"这类题目确实自带几何属性，它的代数公式和几何图像本身就是一一对应的。

我们之前说过：图像往往具有更高的信息整合度，因此对于这类解三角形的问题，当你实在没有办法时，画出一个尽可能准确的图像，从而为自己带来一些思路上的启发，也未尝不是一个值得一试的好办法。

同样，由这个话题延展开的另一个视角是：高考数学题中自带几何属性的题目可不止"解三角形"这一个类型，还有"解析几何"。它们往往是高考数学的拉分题，有时条件很复杂，更多的时候运算很复杂，而这个时候，适当的几何图像会成为非常好用的工具。

我还经历过这样一个故事，2018年高考结束后，有个学生告诉我那一年的选择题里有一道解析几何的压轴题，他实在没有时间算这道题了。

他说的压轴题是下面这道，它是2018年全国1卷理科数学的第11题：

已知双曲线 $C: \dfrac{x^2}{3}-y^2=1$，O 为坐标原点，F 为 C 的右焦点，过点 F 的直线与 C 的两条渐近线的交点分别为 M，N。若 $\triangle OMN$ 为直角三角形，则 $|MN|=$

A. $\dfrac{3}{2}$　　　　　　B. 3

C. $2\sqrt{3}$　　　　　　D. 4

如果换作是你，在时间完全不够用的情况下，你如何解决这道解析几何的题目呢？

这个同学的做法是：他画了一个图。

由于他的图画得不是那么精确，最后量出的结果自然也不那么准确。不过，这是一道选择题，他把四个选项对比了一下，选择了一个与他量出结果最相近的值。最后，这道选择题的分他拿到了。

通过这些真实的故事，我想告诉你的是：解三角形或解析几何这样的题，它本身自带几何属性，在被逼入绝境时，不要忘记,还有另一种思路和方法。

数列:合情推理的实战应用

当然在高考试卷上,除了"解三角形"和"解析几何"这两类明显带有几何性质的特殊题目之外,还有一类题目值得特别提及,那就是数列。

众所周知,数列事实上是一列有规律的数。

这句话的关键词是"有规律"。

考虑到数列自身一定拥有某种规律,那么在某些情况下,你可以尝试找到它。你可以根据题目中的条件,按照常规方法,一步一步算出它的规律,也可以在走投无路的情况下,直接将 n 等于 1,2,3,4……代入到题目当中计算出这个数列前面的几项,然后猜出一个规律。

要知道,以数列作为压轴题目的高考试卷不在少数,要解答那些题目,往往需要具备很强的变形技巧或运算能力。如果非要以常规的方式进行分析和计算,那么,你在高考考场上未必能解得出这些题目。

例如下面这道题,它是 2015 年全国 2 卷理科数学第 16 题。

设 S_n 是数列 $\{a_n\}$ 的前 n 项和,而且 $a_1=-1$, $a_{n+1}=S_n \cdot S_{n+1}$,求 S_n。

这道题是有常规解法的，它的常规解法是将 $\dfrac{1}{S_n}$ 构造为一个新数列，但我认为 99% 的同学是想不到的，实际上在当年的考场上就有很多学生放弃了这道价值 5 分的题目。

真是非常可惜。

如果你仔细考虑过"数列是一列有规律的数"，那你最应该做的事，是把 $n=1, 2, 3$……代入题目的式子里试一试，结果你就会发现：

当 $n=1$ 时，$S_1=-1$；

当 $n=2$ 时，$S_2=-\dfrac{1}{2}$；

当 $n=3$ 时，$S_3=-\dfrac{1}{3}$；

我想算到这里你基本已经看明白其中规律了，聪明的你，这道题目的最终结果应该是什么呢？

没错，$S_n=-\dfrac{1}{n}$，5 分的填空题就此结束。

最后我还想从更合理的角度来解释为什么面对数列当中的难题，可以考虑用这种解法。

如果翻开《高考大纲》，你可以看到"推理与证明"这个板块的基本要求：

（十八）推理与证明

1. 合情推理与演绎推理

（1）了解合情推理的含义，能利用归纳和类比等进行简单的推理，了解合情推理在数学发现中的作用。

（2）了解演绎推理的重要性，掌握演绎推理的基本模式，并能运用它们进行一些简单推理。

（3）了解合情推理和演绎推理之间的联系和差异。

对于数列题目，通过归纳规律得到结果的方法，实际上属于"合情推理"中的"归纳法"。

第三章

考生
应该想什么？

MATHEMATICS

1 综述
如何分析一道题？

高考数学在本质上是一个围绕"考题"展开的故事剧本，这其中所有的角色定位都与"题目"有关：

所谓命题人，就是那个出题的人；

所谓阅卷人，就是那个改题的人；

所谓老师，就是那个给你讲题的人；

而考生，就是那个负责解题的人。

如果你接受这个角色设定，那么高中数学对你来说其实就是解题的艺术。你在学习的时候就应该明白，学到的那些知识在解题过程中如何使用；在做题时懂得思考题目所给的条件与问题的关联；在复习时能够总结解题过程涉及的知识点，你的一切行为都应该有明确的指向性。

中国人做事情常讲究"有的放矢"，说的就是这个道理。

人人都会做题，只有学霸才会分析复盘

你有没有想过：学习同样的知识，使用同样的练习材料，为什么不同学生的交付结果会有巨大的差异？

通常的猜测是：老师在课上讲的内容虽然一样，然而精力分布却并不平均——他们喜欢把精力放在好学生身上，对差生漠不关心。

然而实际情况是：大多数老师都把80%的精力放在了班上成绩最差的20%的学生身上，而对班上排名靠前的学生几乎很少特别关注。一方面是因为排名靠前的学生自制力超强，他们几乎相当于"免检产品"，老师不需要过分关注；另一方面的原因是，有些时候这部分学生的真实水平已经位于老师之上，老师对他们而言只是陪跑的教练，而不再是领跑者。

总之，那些成绩好的学生，即使没有老师的关注，也能表现良好。

学霸们自有一套学习方法，他们不需要太多的外力也能独立

完成自我提升；而这套能够帮助他们自我提升的策略的核心是四个字：**复盘分析**。

学霸不仅会做题，还明确地知道自己做对的题目为什么能做对，他们庖丁解牛般拆分了每一道题目，知道每个条件应该怎么利用，每个问题应该如何解决；他们知道题目的关键节点，能定位知识框架；他们非常懂得与命题人之间的互动规则，还知道如何在试卷上直截了当地表达自己的观点。

如果题目做错，他们还会主动反思自己究竟哪儿错了，以及自己为何会出错。

这一章，我们就先来谈谈这套解题的技艺，这可能是你高中三年最需要修炼的"屠龙之术"。

因为很多时候，认真彻底地分析一道题，比盲目多做一套卷子对你更有帮助。"题海"本身不具备任何价值，海里那些容易使你翻船的暗礁才值得注意，所以你要找出它们，并且系统地分析它们。

我们先来谈谈应该如何解答一道数学题。

宏观分析：解题的三个步骤

仅就高考数学而言，尽管每一道题目呈现出不同的个体差

异,但是"解题"的基本过程是由以下三个必要步骤构成的:

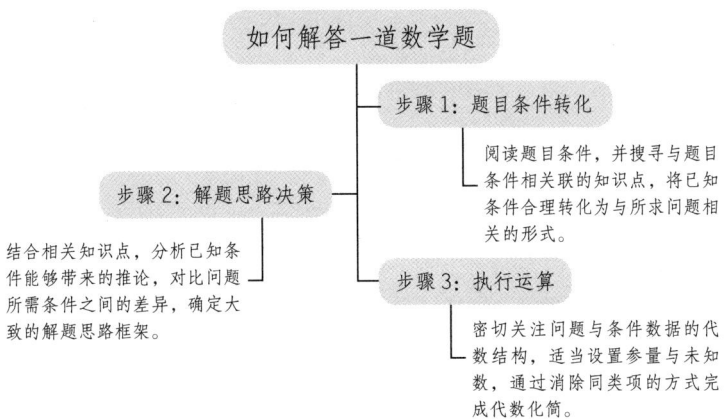

1. 读题与条件转化:阅读题目条件,并搜寻与题目条件相关联的知识点,将已知条件合理地转化为与所求问题相关的形式。

2. 解题思路决策:结合相关知识点,分析已知条件能够带来的结论与题目最终所需结论之间的差异,确定大致的解题思路构架。

3. 运算求解:密切关注问题与条件数据的代数结构,适当设置参量与未知数,通过消除同类项的方式完成代数化简。

当然,这三个步骤里,每一步都包含了很多的细节。

接下来,我们把细节放大,来详细谈一谈这三个步骤中可能会导致错误的小问题。

你的题目为什么会做错？

高中的数学题目数量非常多，素有"题海"之称，涉及的知识点也不是一两个小时就能讲清楚的，当你真的学会了这些知识再去做题，你在做题时或许还是会错。而如果抛去对知识点本身的理解错误，你会发现自己基本上是在几个常见的地方反复栽跟头。

你做题之所以会出错，其实就这么几个原因：

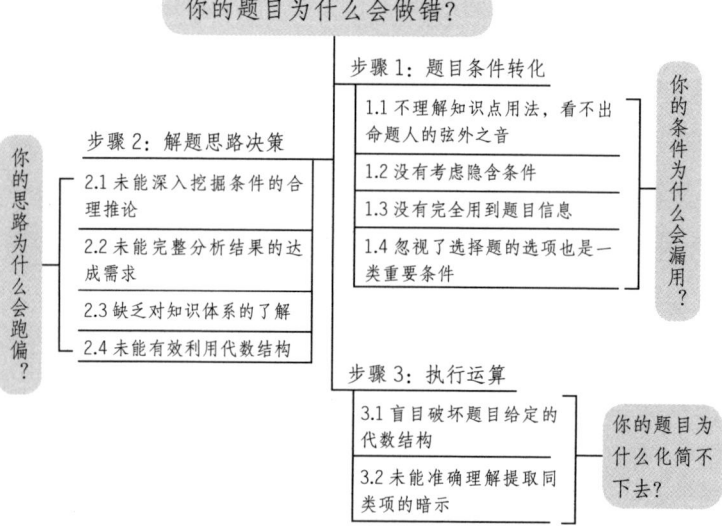

在"条件转化"这一步，大部分同学无法从已知条件中发掘全部的关键信息。如果你的条件漏用了，那么，这道题目的解答

效果自然会大打折扣，而导致条件漏用的原因有以下四点：

第一，你常常不知道一个条件究竟应该怎么用。这是我们在第一章的第二节讲过的重点后续，命题人在设计题目时常常是十分"含蓄"的，你听不懂命题人的弦外之音，不能识别出他暗示的条件，那么你就做不出他出的题目。

第二，有些时候你没能利用到一些公认的隐含条件。例如三角函数中，$\sin^2 x + \cos^2 x = 1$；解三角形中，三角形内角和为180度；函数问题中，如果一个奇函数的定义域包含 $x=0$ 这个点，那么意味着 $f(0)=0$。这些被公认的条件题目不会做特别说明，但是在解题过程中经常会用到。

第三，一些条件的信息没有被你充分提取。有些条件，在解题的不同环节承担了不同的作用，有可能被多次用到，但有些同学会误认为"这个条件用过了"，之后就"置之不理"，这是一种会导致你栽跟头的举动。高考数学题目中的一些条件，是可以用了再用的。

最后，很多同学都没有意识到选择题的选项也可以作为某种条件使用。这个重要的技巧往往被学生在实战中忽视。

说完了条件转化，我们接着谈谈思路构建，造成解题思路判断失误的原因也有很多。

所谓解题思路，就是条件与问题之间的连接过程。你需要设计一条道路，牵引着条件中的信息流指向问题，这个过程中你需要双向思考：看着条件想一想它们各自都有什么推论，然后盯着问题想一想它们需要什么前提。如果你忽略了一些关键线索，最后你的思路构建必然会失败。

另外，知识体系很重要。高考的知识点互相关联，高考真题往往都出现在了"知识网络的交汇点处"。你需要综合考虑每一个信息在知识网络中的位置，特别是那些复杂的题目，它们所考查的知识点常有"牵一发而动全身"之妙。

最后，高中数学题目条件的数据结构也至关重要，尤其是复杂的数据问题，不同条件的数据结构之间的特点常会引导你做出正确的思路决策，你应该关注它们。

数学题目解答的最后一步是运算，有些同学在运算方面也常出现错误。

请注意，本章我讨论的"运算错误"不是那种你把 3+2 算成了 7 的失误性错误，而是指在你计算的每一步都是正确的前提下，由于题目设计复杂，你在运算过程中对代数式"变形不当"，导致计算复杂化，最终让你的解答进行不下去。

通常来说，会导致你运算出错的原因有两个。

第一，是之前思路构建时的遗留问题：没有注意到题目的关键数据结构，改写了数据，破坏了结构，导致丢失了代数运算的关键线索。

第二，也是更重要的一类失误原因：不知道高中数学的复杂数据化简背后有一条核心逻辑，就是"寻找公因式，合并同类项，消除同类项"。

上述每一项都是有可能引起运算错误的原因，在真实的高考答卷中不乏其例。

接下来的三节里，我们会举一些例子来帮助你理解一道题目的解答逻辑。

在本章的最后，还会有一篇针对性的学习指南，从解题逻辑回溯你的学习过程，帮助你在高中三年更有针对性地完成学习与训练。

2 转化
你的条件为什么会漏用？

上一节我们从解答一道高考数学题所需要遵循的基本逻辑出发，谈了一下解题可能出错的几个关键节点：条件转化、思路构建、执行运算。

接下来我们将详细说一下这三个步骤中可能导致你们出错的细节问题。

这一节先说第一步：条件转化。

在"条件转化"这一步，大部分同学无法从已知条件中发掘全部的关键信息，这样一来，就无法顺利解题。因为条件漏用了，解答效果自然大打折扣，而导致条件漏用的第一种情况就与你和命题人的互动模式相关。

比知识点更重要的是对知识点的考查方式

高考不像平时的段考和周测。在学校里，每个科目每一周也许只学了两三个知识点，周测时，或许所有的题目都只需要往刚学过的知识点上想就对了；而高考则是一次性考查你学习三年的内容，没有任何一个考官在出题的时候会像老师一样敲着黑板说："同学们注意，这道题考的就是那个什么什么……"

高考的命题人非常善于把不同的知识点结合起来出题，而且命题语言一般都非常委婉。

让我们再复习一下这个例子，这道题是 2016 年上海高考数学试卷的第 9 题：

> 已知三角形 ABC 的三条边长分别为 3，5，7，求该三角形外接圆的半径。

它的解答过程是下面这样的：

> 根据题目条件：$\because a=3, b=5, c=7$，由余弦定理得

$$\cos C = \frac{a^2+b^2-c^2}{2ab} = -\frac{1}{2},$$
$$\therefore \sin C = \frac{\sqrt{3}}{2}, \text{由正弦定理得 } R = \frac{c}{2\sin C} = \frac{7\sqrt{3}}{3}。$$

"三角形外接圆"就是一个明显的信号词，提示我们这是一种对"正弦定理"的考查方式。

"比知识点更重要的是对知识点的考查方式"：你学会了一个知识点还不够，还需要积累这个知识点在高考中的考查形式。

这样的例子我们可以举出很多，我们再看一道稍难一些的题目，这道题来自2016年全国2卷理科数学卷，是当年的第12题，也就是最后一道选择题：

已知函数 $f(x)(x \in R)$ 满足 $f(-x)=2-f(x)$，若函数 $y = \frac{x+1}{x}$ 与 $y=f(x)$ 图像的交点为 (x_i, y_i)，则 $\sum_{i=1}^{m}(x_i+y_i)=$
（ ）

A. 0　　　　B. m

C. $2m$　　　D. $4m$

这个题目的核心在于对"函数 $f(x)(x \in R)$ 满足 $f(-x)=2-f(x)$"这个条件的理解，如果你能顺利地将其翻译为："函数 $y=f(x)(x \in R)$ 的图像关于 $(0,1)$ 呈中心对称"，那么这道题基本上就算做出了大半。

如果题目直接告诉你"函数 $y=f(x)(x\in R)$ 的图像关于 $(0,1)$ 呈中心对称",那么你做起来就游刃有余;但是如果题目换一种考查方式,你是否还能顺利和命题人完成互动?

这是你在学习和解题过程中应该注意的重点。

与知识点相关的隐含条件

除了知识点的考查形式之外,与知识点相关的注意事项还有"隐含条件",就是那些题目不会在题干中告诉你,可是你自己心里要了解的内容。

比如在"解三角形"这个章节,显而易见且无须说明的知识点有:

(1)三角形内角和等于180度;

(2)$\sin^2\alpha + \cos^2\alpha = 1$;

(3)大边对大角,小边对小角(这实际上是正弦定理的推论);

(4)两边之和大于第三边,两边之差小于第三边。

上面这些知识点,任何一个解三角形的题目都不会告诉你,可是做题的时候你得想得起来去用。

咱们再来回顾一下之前讲过的2013年全国2卷理科数学第17题,我们用这道题目讲过"射影定理"在高考中的考查脉络:

△ABC 的内角 A，B，C 的对边分别为 a，b，c，已知 $a=b\cdot\cos C+c\cdot\sin B$，求 B。

咱们重新把答案找出来，这次我想请你观察这其中使用到的隐含条件都有哪些。

解：依题，可由正弦定理得 $\sin A=\sin B\cdot\cos C+\sin C\cdot\sin B$；

注意到 $A+B+C=\pi$，则可知 $\pi-A=B+C$，因此：
$\sin A=\sin[\pi-(B+C)]=\sin(B+C)=\sin B\cdot\cos C+\cos B\cdot\sin C$；

故：$\sin B\cdot\cos C+\cos B\cdot\sin C=\sin B\cdot\cos C+\sin C\cdot\sin B$；

也就是说：$\sin B=\cos B$，因此：$B=\pi/4$。

这道题真正的题干条件只有"$a=b\cdot\cos C+c\cdot\sin B$"，但是我们在解题时还用到了"三角形内角和等于180度"以及"$\sin^2\alpha+\cos^2\alpha=1$"这两个补充条件。

当然，这道题还有"射影定理"的解法。射影定理也是解三角形中常被忽视的隐含条件，就像"三角形内角和等于180度"一样，你要想得起来去用它。

其他两种条件漏用

除了上面这个非常典型的条件漏用之外，还有一种情况就是很多同学写题目时，对待命题人给的条件有一种"卸磨杀驴"的态度，用完之后就扔到一边儿。这种态度要不得，因为有些时候，题目中的一个条件是需要在不同的步骤中反复使用的。

在这里我想带大家看一道稍稍久远一些的题目，这是2010年重庆理科卷的第15题：

已知函数$f(x)$满足$f(1)=\frac{1}{4}$，而且有$4f(x)f(y)=(x+y)+f(x-y)$，$x,y\in R$，则$f(2010)=(\quad)$。

这道题的核心是要发现$f(x)$的周期性，如果有兴趣你可以尝试解答它，我唯一需要提醒你的是：这道题目中$f(1)=\frac{1}{4}$这个条件用了可不止一次。

每当你题目解不下去的时候，你最应该做的事就是停下来把题目再读一遍，看看之前是不是有什么条件没用上，甚至是以前用过的条件是不是还能再用。

最后一个关于条件漏用的情况，我会在下一节谈到思路构建时，选择另一个关于"条件需要用两遍"的案例再向你详细解释。

选择题的选项也是一类特殊条件

最后还有一件事情,是针对一种特殊题目来谈的,就是选择题。

选择题中的选项也是一种条件,而且有些时候还是一类很重要的条件。

有很多同学做选择题,读完题干就把它当成一道大题硬算,算完了之后再去看有没有跟自己答案一样的选项。要是都像这样解题,高考数学全出大题不就完了吗?干吗还要分出 12 道选择题呢?

如果你采用无差别对待的态度解答小题和大题,这套高考试卷很可能是做不完的,选择题有它自己的解题策略,其中一条纲领性的原则,就是做选择题时要特别注意它的选项。

选择题的选项有什么用呢?

我们回顾之前在第一章第 4 节里提到过的一道题目——2017 年北京卷的最后一道选择题:

根据有关资料,围棋状态空间复杂度的上限 M 约为 3^{361},而可观测宇宙中普通物质的原子总数 N 约为 10^{80},则下列各数中与 $\dfrac{M}{N}$ 最接近的是(   )。(参考数据:$\lg 3 \approx 0.48$)

A. 10^{33}　　　　　B. 10^{53}

C. 10^{73}　　　　　D. 10^{93}

如果把这道题当作纯粹的填空题，那么最终要计算的结果是 $10^x = \dfrac{3^{361}}{10^{80}}$。这是一个典型的复杂数据，如果据此硬算，结果恐怕不容乐观。

这道题真正的核心在于要观察到四个选项的基本形式是：10^x。换句话说，真正要计算的并不是 $10^x = \dfrac{3^{361}}{10^{80}}$ 这个数值本身，而是 $10^x = \dfrac{3^{361}}{10^{80}}$ 中的指数 x。

想到这一点后，我们接下来要得到的仅仅就是 $x = \lg\left(\dfrac{3^{361}}{10^{80}}\right)$ 而已，而这需要的只是对数运算的基本公式。

这就是选择题选项的价值，当你解选择题遇到麻烦时，选项往往可以给你重要的思路提示，每个学生都应该善用这些选项。

我们在最后一章还会单独用一小节讲述高考数学中选择题选项的使用案例，希望它们能对你有所启发。

 **构思**
你的思路为什么会跑偏?

上一讲咱们谈到了解答一道数学题的第一个环节:条件分析,并且分析了造成"条件漏用"的几种原因。

接下来我们谈谈下一个步骤——思路构建为什么会失败。

从宏观上说,导致你构思跑偏的原因可能是下图所示的四点:

题目分析的双向分析框架

解题的思路并不是一个完全抽象的概念，事实上所谓"思路"就是连接题目条件与问题之间的关系链。

从一般的意义上讲，一道题目就是一段由条件和问题构成的文字，形象化一点，就长成下面这样。

具象地说，在已知信息和最终结论之间其实有着很远的距离，这其中也许有岔路，也许有峡谷，还可能遇到湍急的水流，而你需要在每一个特定情境下，用你手边已有的知识点作为工具，见山开路，遇水搭桥，把每一个条件一点一点引到最终的待求结论上，这中间的过程就是所谓的"解题思路"。

那么现在，解题的关键就在于，我们应该如何像穿针引线一样，把已知条件中所有的条件一一纳入到我们待求结论的分析过程当中，让每一个条件都各尽其用？

从宏观角度来看，我们要从正反两个方向来思考：

通常而言，做题的第一步就是要读题目给定的条件，读完条件之后问自己：这个条件究竟告诉我们什么样的信息？

这涉及的就是我们上一节讲过的"条件解读"。

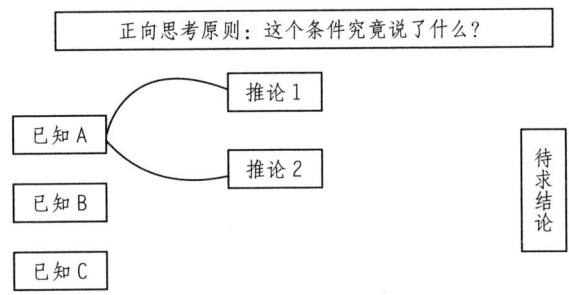

你要学会思考每一个条件所涉及的推论,这个过程中你应该用下述句型不断问自己:"如果已知条件 A,那么我就可以推出……"

然后,再把目光转向问题,换用下面这个句型问自己:"如果想要得到这个结论,我还需要知道什么?"

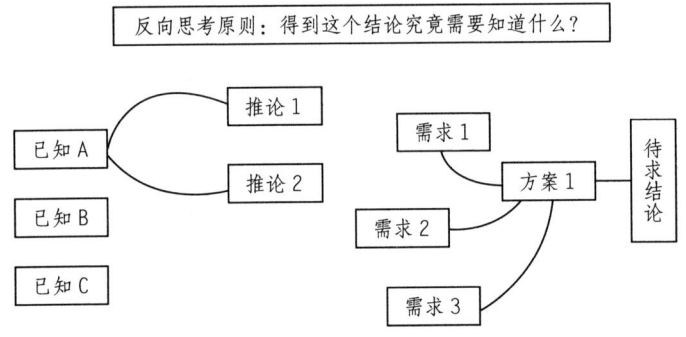

对于大多数的高考题目,我们在读完题目的一瞬间往往会有很多不同的联想,你可能需要在不同的方案中做出最佳选择。因为有些时候不同的方案所需要的条件,未必全部都能在题干中

找到。

比如说，当你看到问题所要求的结论时，你可能想到不止一种方法来达到最终目的（如下图中的"方案1"和"方案2"），这个时候，你就需要停下来思考一下，每个方案各自在怎样的需求下才能达成。

然后，回到题目的条件中去，仔细分析，就这个题目而言，这些条件究竟能不能满足我实施某个方案。

最终你会意识到，通往一个题目的待求结论是有很多种方法证明的。

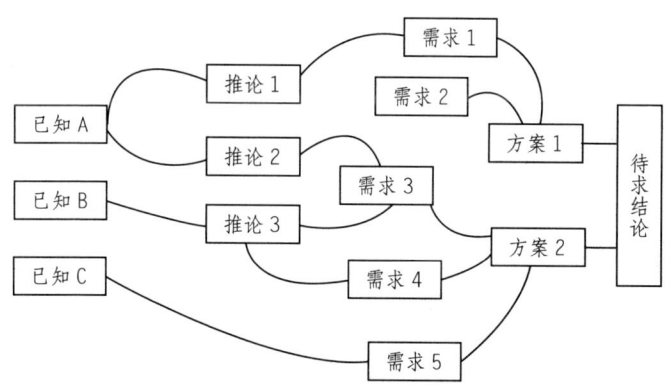

比如咱们之前在第一章的第三节里讲过的2018年全国2卷的那道立体几何题目，它的最后一问是让证明"线面垂直"。

如图所示，在三棱锥 P-ABC 中，$AB=BC=2\sqrt{2}$，

$PA=PB=PC=AC=4$,O 为 AC 的中点,求证:$PO \perp$ 平面 ABC。

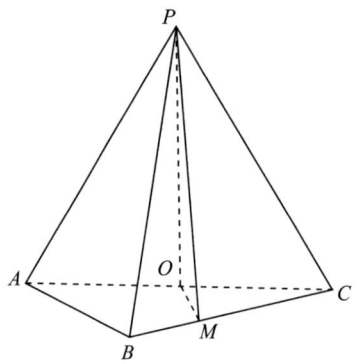

如果仔细梳理高中数学的大纲内容,你会发现我们讲了两条证明线面垂直的线索。

方法 1(通过线线垂直证明):在平面 S 中找到两条相交的直线 l_1 和 l_2,说明直线 l 垂直于 l_1 而且 l 垂直于 l_2,从而知道平面 S 垂直于直线 l。

方法 2(通过面面垂直证明):如果已知平面 S_1 垂直于 S_2,而且直线 l 属于平面 S_1,并且直线 l 与两个面的交线垂直,那么直线 l 垂直于平面 S_2。

如果你很清楚上面的两条思路,读完题目后就能迅速做出判断。这个题目中没有"面面垂直"的条件,我们就需要从方法 1 中找思路,也就是说:你下一步需要在平面 ABC 中找到两条与 PO 垂直的线。

换句话说，你要在已知条件的推论能够完全满足要求的那个方案上进行最终操作。

知识体系对解题思路的影响

高考中的数学与日常学习中的数学最大的不同在于，高考数学的题目具有更强的体系感。

日常的题目考查单一知识点，而高考命题人则喜欢在"知识网络的交汇点处"设置题目。你需要更好地调动各部分知识才能顺利地予以解答，为此你不仅需要理解每个知识点，还需要懂得它们的联系。

高考数学题目所体现的知识的体系化特点，导致你的每一个解题步骤都有"牵一发而动全身"之效，所以你要综合考量自己的每个步骤对整个解题过程的影响，特别是你的每个动作对后续条件的影响。

举个例子吧。

假设你缺乏对题目的系统性分析，就可能会盲目设置一些不该设置的参量，或者选择一些不该选择的曲线表达方式。

比如高中阶段，我们在解析几何这个板块总共学了5种图像：直线、圆、椭圆、双曲线和抛物线。很多同学认为最难的是后面三类圆锥曲线，而且高考的大题也是围绕圆锥曲线展开的，所以认为圆锥曲线应该是整个解析几何的核心。

但其实这样的想法是错误的，在解析几何的 5 种图像中，真正的核心是"直线"，而直线之所以可以扮演如此关键的角色，原因就在于它形式简单，而且变化多样——我们知道，直线总共有 5 种方程形式。

因为解析几何的问题在数学中最常见的考查形式是两种不同图像的交互，很少碰到两个圆锥曲线交互的，毕竟那太复杂了，没有哪个学生能经受那种运算考验，所以命题组必定会选择一个形式上相对简单的曲线和一个复杂曲线交互，最后就必然会选中直线。

因此我们在解析几何中看到的所有大题，都是圆和直线的交互、椭圆和直线的交互、双曲线和直线的交互甚至是抛物线和直线的交互，总之它们都要绕着直线转，"直线"才是解析几何真正的核心。

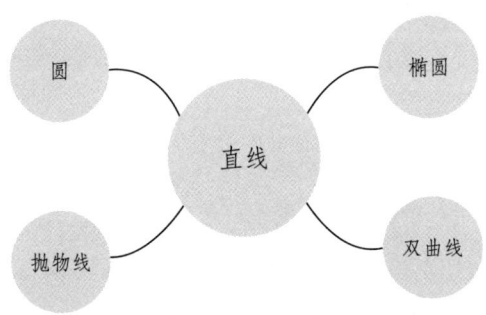

在应对各种圆锥曲线交互的问题时，如何妥善地选择一个恰

当的直线方程形式，会直接影响题目解答的成败。至于怎么从直线的 5 种方程中选择最适合你的那一个，就需要你对 5 种直线方程形式各自的优缺点有足够系统的认识。

代数结构对解题思路的启发

我们还需要考虑整个解题流程的最终步骤——代数运算。

在做题时，我们的思路应该能够为代数运算提供良好的支持，当你注意题目条件之间的代数形式时，思路就会变得非常清晰。

一个有效的数学题目解答流程，必须保持题目中所有数学关系式的代数结构稳定。

接下来，我们把之前第一章中用过的一个例子拿过来看一下。这是 2019 年全国 2 卷理科数学的第 4 题。之前说过，它是一个套着创新外壳的旧题。

> 2019 年 1 月 3 日嫦娥四号探测器成功实现人类历史上首次月球背面软着陆，我国航天事业取得又一重大成就，实现月球背面软着陆需要解决的一个关键技术问题是地面与探测器的通信联系。为解决这个问题，发射了嫦娥四号中继星"鹊桥"，鹊桥沿

着围绕地月拉格朗日点 L_2 的轨道运行，L_2 点是平衡点，位于地月连线的延长线上。设地球质量为 M_1，月球质量为 M_2，地月距离为 R，L_2 点到月球的距离为 r，根据牛顿运动定律和万有引力定律，r 满足方程：$\frac{M_1}{(R+r)^2}+\frac{M_2}{r^2}=(R+r)\frac{M_1}{R^3}$，假设 $\alpha=\frac{r}{R}$，由于 α 的值很小，所以近似地满足 $\frac{3\alpha^3+3\alpha^4+\alpha^5}{(1+\alpha)^2}\approx 3\alpha^3$，则 r 的近似值为：

A. $\sqrt{\frac{M_2}{M_1}}R$ 　　　　　　　B. $\sqrt{\frac{M_2}{2M_1}}R$

C. $\sqrt[3]{\frac{3M_2}{M_1}}R$ 　　　　　　　D. $\sqrt[3]{\frac{M_2}{3M_1}}R$

这道题目在 2019 年的数学考场上给考生造成了很大困扰，很多考生感觉这更像一道物理题。然而如果忽略前面冗长的文字叙述，不难发现这道题目的核心是如何将 $\frac{M_1}{(R+r)^2}+\frac{M_2}{r^2}=(R+r)\frac{M_1}{R^3}$ 这个复杂的方程进行化简。我们来看看它的解答过程：

$\frac{M_1}{(R+r)^2}+\frac{M_2}{r^2}=(R+r)\frac{M_1}{R^3}$ 等号两边同时乘以 R^2 得：

$\frac{1}{\left(1+\frac{r}{R}\right)^2}M_1+\frac{R^2}{r^2}M_2=\left(1+\frac{r}{R}\right)M_1$，

由题可知 $\alpha = \dfrac{r}{R}$，代入得：

$$\dfrac{1}{(1+\alpha)^2}M_1 + \dfrac{1}{\alpha^2}M_2 = (1+\alpha)M_1,$$

从而知：$\dfrac{M_2}{\alpha^2} = \left[(1+\alpha) - \dfrac{1}{(1+\alpha)^2}\right]M_1,$

由题中给出的 $\dfrac{3\alpha^3 + 3\alpha^4 + \alpha^5}{(1+\alpha)^2} \approx 3\alpha^3,$

所以 $\dfrac{M_2}{M_1} \approx 3\dfrac{r^3}{R^3}$，即：$r \approx \sqrt[3]{\dfrac{M_2}{3M_1}}R$

整个过程中最关键的两条变换是等号两边同时乘以 R^2 得：

$$\dfrac{1}{\left(1+\dfrac{r}{R}\right)^2}M_1 + \dfrac{R^2}{r^2}M_2 = \left(1+\dfrac{r}{R}\right)M_1, \text{以及将} \dfrac{1}{(1+\alpha)^2}M_1 +$$

$\dfrac{1}{\alpha^2}M_2 = (1+\alpha)M_1$ 改写为 $\dfrac{M_2}{\alpha^2} = \left[(1+\alpha) - \dfrac{1}{(1+\alpha)^2}\right]M_1$

而这两步变换完全是因为代数结构的原因：前一个步骤考虑到了题目中 $\alpha = \dfrac{r}{R}$ 的条件暗示，后一个步骤考虑到了四个选项中均有 $\dfrac{M_2}{M_1}$ 的代数形式。

这样的题目在解析几何和函数与导函数的大题中更加常见，相信未来你还会在很多题目中看到代数结构决定思路走向的例子。

 # 运算
复杂公式化简的统一原则

之前两节我们谈了"条件分析"和"思路构建"这两个方面你可能遇到的大坑,这一节我们来谈计算。因为在转化条件、构建思路整个过程结束之后,还有一个关键问题就是你得算出最后的答案来。

高中数学题目大部分的计算并不会很复杂,一般情况下如果一道题目算起来特别复杂,大概率的原因是你把它想复杂了。

不过话又说回来,高考题目当中确实会有 10～20 分的题目涉及比较复杂的运算,这需要你特别小心地应对,稍有不当就可能会算错。

总的来说，造成运算方面失手的原因只有两种。

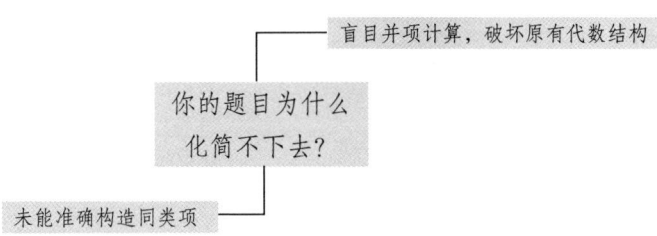

盲目并项计算，破坏原有代数结构

咱们先说一类简单的，这和上一节最后的一个部分还稍有联系。

一个有效的数学题目解答流程，必须保持题目中所有数学关系式的代数结构稳定，有时你之所以越算越复杂，越算越乱，原因就在于你破坏了题目中关键的代数结构。

这些特定的结构就像是在组装玩具时的模块化组件——生产厂家担心你自己装不好，特意把这些零件拼凑成了特定的模块，而你上手之后先把人家拼好的模块直接拆散。

结果可想而知。

比如说高考中"数列"这个部分有一种高频出现的明星题型，让你算差比数列的前 n 项和。所谓"差比数列"，就是形式

类似于 $a_n=(2n-1)\cdot 3^n$ 这样的数列，其中 $(2n-1)$ 是一个等差数列，3^n 是一个等比数列，这两个数列相乘得到了一个新的数列，即"差比数列"。这种题目的前 n 项和的运算方法甚至有一个专有名称，叫作"乘公比错位相减法"。

这个方法没有什么思路上的技巧，纯粹就是一些代数运算，但是运算的过程很能体现我们数学上化简一些复杂公式的基本原则，就是整个过程都不能破坏原始的代数结构。

"乘公比错位相减法"的运算核心技巧是：第一步乘公比的时候，一定要把这个公比乘到等比数列上去，而且不能进行盲目的并项计算。因为有些时候并项计算看起来是简单了，但是它会破坏原有的代数结构。

未能准确构造同类项

除了不能随意破坏关键的代数结构之外，有些时候为了完成题目简化，还需要主动构造一些代数结构，像高考所涉及的所有复杂算式化简，背后均贯穿一条主线：消除同类项。

这是一个非常纯粹的逻辑性结论。对于复杂算式，只有找到并消除所有的同类项，原式才能得到形式上的化简。除此之外，括号的拆分、通分与合并，甚至是代入消元，都只是"消除同类项"这条主线背后的辅助手段。

有些老师建议学生"实在没办法了就把括号拆了试一试"，这简直是饮鸩止渴。因为有时候拆开两个均含两项的括号，有可能得到的是一个四项式。假使没有什么可以抵消的东西，乱拆括号不但不会让你的式子简化，还会越拆越乱。

有些同学也许还没明白，那么我举个例子吧。

下面这道题来自2017年全国1卷理科数学第20题的第2问：

已知椭圆 C 的方程为 $\dfrac{x^2}{4}+y^2=1$，P_2 为椭圆 C 的上顶点，设直线 l 不经过 P_2 点且与 C 相交于 A，B 两点，若直线 P_2A 与直线 P_2B 的斜率的和为 -1，证明：直线 l 过定点。

我把它的解答过程贴在下面。

证明：

若斜率存在，我们不妨设 l：$y=kx+b\,(b\neq 1)$，将其代入椭圆方程 C 可知：$(4k^2+1)x^2+8kbx+4b^2-4=0$，

若记 $A(x_1, kx_1+b)$，$B(x_2, kx_2+b)$，

依题：$\dfrac{kx_1+b-1}{x_1}+\dfrac{kx_2+b-1}{x_2}=-1$，

整式可得：$(2k+1)x_1x_2+(b-1)(x_1+x_2)=0$，

由韦达定理，可知：$x_1+x_2=-\dfrac{8kb}{4k^2+1}$，$x_1x_2=\dfrac{4b^2-4}{4k^2+1}$，

代入上式后：$(2k+1)(4b^2-4)+(b-1)(-8kb)=0$，

两侧同时除以 4 得：$(2k+1)(b^2-1)-2(b-1)\cdot kb=0$，

进而：$(b-1)[(2k+1)(b+1)-2kb]=0$，

由于 $b\neq 1$，我们可知：$(2k+1)(b+1)-2kb=0$，

从而得到：$b=-2k-1$，

代入 $l: y=kx+b$ 后，我们可知：$y+1=k(x-2)$，

从而该直线过点 $(2,-1)$。

若斜率不存在，即假设 $l: y=m$，代入方程 C 可得

$A(m, \dfrac{\sqrt{4-m^2}}{2})$，$B(m, -\dfrac{\sqrt{4-m^2}}{2})$，

若 $\dfrac{\dfrac{\sqrt{4-m^2}}{2}-1}{m}+\dfrac{-\dfrac{\sqrt{4-m^2}}{2}-1}{m}=-1$，整式可得：$m=2$，

即直线方程为 $x=2$，此时仍过 $(-1,2)$ 点。

综上所述，符合题目要求的直线 l 恒过点 $(-1,2)$。

这道题解答的核心有三点：

其一是选择一条恰当的直线形式。在这里，我们选择了直线的斜截式方程，但是考虑到直线还可能没有斜率，所以我们进行了分类讨论。

其二是关于韦达定理的应用。

当然上面两条都只是常规的知识应用，这道题目的第三个核心点涉及了一个非常复杂的算术形式，必须把这个复杂式子化简

$(2k+1)(b^2-1)-2(b-1)\cdot kb=0$,

进而：$(b-1)[(2k+1)(b+1)-2kb]=0$,

由于 $b\neq 1$，我们可知：$(2k+1)(b+1)-2kb=0$,

从而得到：$b=-2k-1$

有很多同学在算到第一行的式子时，一看这个算式这么复杂，上手就把括号全部拆了，想看看拆完之后什么样。如果你这样做了，你将得到一个高度复杂的算式，往后的化简就会很麻烦了。

这道题目正确的做法是认真观察。这个复杂式的两项当中有一个公因式（$b-1$），需要把它给提取出来，然后消除掉，进而完成整个公式的简化。

很多同学认为高中数学的复杂公式化简是一门非常玄幻的学问，其实，正如我们前文所说，高中各种各样的公式变换背后都有一条统一的主线可以帮助你思考，那就是消除同类项。一个公式现在很复杂，如果想让它变得简单一点，最基本的想法不应该是直接把括号拆了，而应该想办法创造更多的括号出来。

拆分括号在大多数情况下并不能让你的代数方程更简洁，有时甚至因为拆了括号，会让算式的每一项看上去更加复杂。比如下面这个式子：$(a+b)(c+d)=ac+ad+bc+bd$。

原本只有两个括号相乘的算式，被强行拆分括号后，变成了四项数据相加，这是更简单还是更复杂了呢？

比如下面这个算式：$\frac{ac+ad+bc+bd}{ae+af+be+bf}$，这毫无疑问是非常复杂的代数形式，但是如果你能观察到它的分子其实是 $ac+ad+bc+bd=(a+b)(c+d)$，而分母则是 $ae+af+be+df=(a+b)(e+f)$，那么整个算式就会被你化简为：$\frac{ac+ad+bc+bd}{ae+af+be+df}=\frac{(a+b)(c+d)}{(a+b)(e+f)}=\frac{c+d}{e+f}$。

你看，这样是不是就简单许多？

5 积累
高效的学习策略

大家要知道这不仅仅是一本教你解题方法的书。

你之所以需要知道解题的方法,是因为你需要以此来指导自己的学习过程。

成功没有捷径,但是两点之间线段最短。当你知道了在终点处自己会面临的考查形式和内容以后,在高中三年的学习中你会更容易做到有的放矢,也会更加游刃有余。

所以在这一章的结尾,我会从学习过程的角度出发,告诉你怎样学习在高中数学的领域才最高效。

自然主义与结构主义

我从 6 岁就开始学钢琴,前三年我学得非常开心。最开始学钢琴的时候,老师会从每一个非常简单的小细节处开始训练我。

我用的是最标准的钢琴启蒙教材《汤姆逊钢琴简易教程》,它简直是钢琴界的《新概念英语》,十个学钢琴的孩子里估计八个都是从弹这本教材开始的。

除了教授教材,老师还会不停地纠正我的手型跟指法。所谓指法,就是弹曲子哪一个指头按哪一个键位,这都是有讲究的。哪个手指该按哪个钢琴键,老师会一一指导。

他秉持的核心理念是:无论怎样,基础一定要打扎实,以后说不定要弹一辈子的琴,不能让基础阻碍了你的前程。

他希望我能成为一个顶尖的钢琴家,所以他不厌其烦地在一开始就纠正我的各种细节。

但这个故事接下来的发展是,我学了三年多钢琴,在小学四年级之后,感觉自己每个周末都在琴房上课,真是太枯燥太无聊了,我根本不想再学了。

当然,后来我又被妈妈逼着学了两年。到初中以后我就说,咱们就不能以学习为重吗?靠着这个借口从学钢琴的苦海当中逃了出来,现在快要十年过去了,我再也没有翻开过一次琴盖。

很多年后再想到这件事情,我觉得在学钢琴这件事上我无疑走了很多弯路,之所以效率太低,是因为那时我年纪太小,还不懂得在做事之前先和老师在"目的"上达成共识。

其实，我只想学一首简单的钢琴曲，但他使用了一个培养钢琴家的方法，来培养一个业余钢琴爱好者。

按教育哲学的逻辑来讲，我们的学习方法其实有两种：第一种方法是所谓的"自然主义"学习法；第二种方法与之相对，叫作"结构主义"学习法。

自然主义学习法，目的是复制别人做过的事，它的核心策略是模仿。

结构主义学习法，目的是创造别人没见过的事，它的核心策略是循序渐进，一丝不苟。

回到我学钢琴的那个例子，其实老师在训练我的时候，用到的就是"结构主义"的教学法。他把我想要达成的目标拆分成很多个小块儿，每一个部分都要求练到非常扎实，认为只有这样的基础，才能帮助我在未来冲击更高的高度，甚至冲击从来没有人能够达到的高度。

简而言之，这是一种用来培养钢琴大师的方法。

而按照自然主义的学习策略，老师应该让学生挑一个非常简单的曲目，先示范两遍，然后不管三七二十一让他上手弹一弹，再针对他弹琴时暴露出来的一些严重的问题进行指导，纠正了大的错误之后，只要大方向上没跑调，就让学生下去多练习几遍，之后就可以表演简单的初级入门曲。自然主义学习法的核心在于模仿，不需要学习者把每一个部分都学得特别扎实，只要看上去大概一样就可以了。

弄清楚了这一点,再回到学习高中数学这件事上,你就会明白,应该用什么样的学习策略,完全取决于你的学习目的。

以我这些年的教学观察,在中国大部分学生学习高中数学其实是为了考试,只有极个别的学生是为了以后将研究数学作为自己的职业。按照这种学生的比例,我基本可以断言:目前中国一部分老师可以说是"过度"强调了结构主义的教学思想。

我们花费了太多的时间,在没见过高考真题的情况下就谈知识点。学生在高中学了两年,老师们以为自己讲得很透彻,但其实很多学生拿到考题之后还是不会做,所以他们需要重新训练,因此才有了高三的一轮、二轮甚至三轮复习,我听说有些学校还搞了个零轮复习。

大部分高中数学老师在备课时,都非常注重把一个知识给学生揉碎了扔到最底层,然后不停地安排一些基础性的训练。他会觉得这些东西对学生的未来很有帮助,但一部分同学在高考结束了之后,一辈子再也不会学数学了。

大部分学生学习数学的目的就是为了参加高考而已,如果高考取消数学,我猜中学里有一半的学生会立即把数学书扔掉。

结构主义学习法可以培养优秀的数学大师,但对仅仅想参加高考的学生来说,其实没有必要这么费劲地去学。

从实用层面考虑,最有效的学习策略就是,学完一个知识点之后,直接拿一道高考题过来,然后问自己:这个条件究竟说的是什么样的意思？

如果自己能够想到，那就说明这个知识点你掌握得不错。如果你读完之后不知道题目涉及哪个知识点，那就翻开高考答案仔细地看。高考数学考核的是一个非常稳定的知识体系，几十年下来大纲都没有特别大的变化，所有你想不到的东西，高考答案都会告诉你。

然后把这个答案留在自己的脑海里，下一次再看到题目中出现类似的表述，就照着之前的解题思路，把现在看到的这道题弄得跟之前一样就行了。

这是一种完全基于模仿的学习思路。我不要你究天人之变，格物致知、正心诚意，我只需要你看到一个题目，能想到一个类似的东西，然后把你眼前的这个题目弄得跟那个类似的差不多，就可以了。

就像在你听第一节课之前并不知道"外接圆"有什么弦外之音，听完课之后就知道需要应用正弦定理，那么下一次你再看到"外接圆"这个词，你就能想到2016年上海卷的某道题提到外接圆时用了正弦定理，之后当你再遇到题目中出现"三角形外接圆"的表述时，就应该看看这正弦定理是否还能用得上。这就是自然主义学习法。

通过模仿之前见到过的题目，把解题方法运用到未来自己的解题思路当中去，这种方法比自己创造思路要高明得多。

高考数学的解题思路不是创造出来的，而是模仿出来的。

模仿是一种更高效的学习方法

大部分老师是排斥学生看答案的。

小学和初中时代，大多数情况下发了练习册后老师都要求学生把练习册后面的答案撕掉交上去——他们害怕学生抄答案。

这么做对自制力差的小孩子来说是一种有效手段，但这隐隐带来了一个不好的暗示，会让许多学生认为：看答案是一种错误的行为。

看答案究竟对不对呢？主要还是要看你看答案的目的是什么。如果你的目的是刻意练习，那么看答案会让你丧失练习机会，这是不对的；但如果你的目的是学习和积累知识，那么看答案就是一种输入知识的途径，它和读教科书的性质是一样的。

仔细想想，能把题自己做出来算是一种本事，可是，能把自己不会的答案看懂也是一种本事呀！前者是应用旧知识的本事，后者则是学习新知识的本事。

如果你承认上面这些逻辑的合理性，那么也会理解不同的学习方法是分级别的，不同的人适合采用的学习方法是不同的。

2016年，加州大学伯克利分校的发展心理学家艾莉森·高普妮克（Alison Gopnik）出版了一本有关教育理论的研究著作，书名很长，叫 *The Gardener and the Carpenter: What the New Science of Child Development Tells Us About the Relationship Between Parents and Children*。后来中文版引进后，书名直译叫作《园丁

与木匠》，请大家注意这本书的副书名——最新的儿童发展视角下的亲子关系研究。很多学习教育理论的同事和同学都向我推荐它，所以当时我就找到了这本书来读。

这本书就把人的学习能力分为三个层级，我根据作者划分的三个层级做了一张图给大家看。

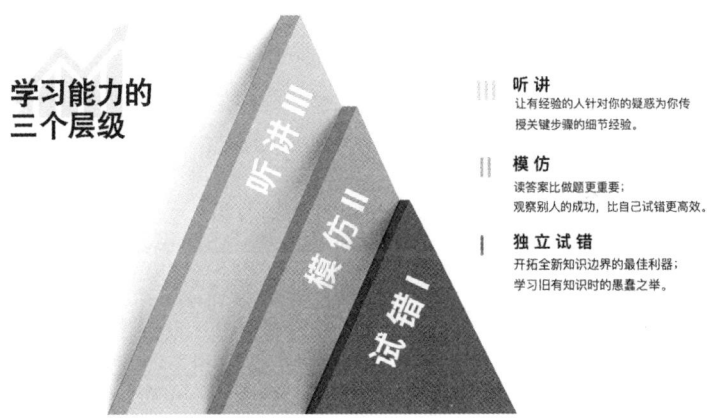

第一种方法就是独立试错。

独立试错的技能，在开拓全新知识边界时，是一个最佳的利器；因为你来到了知识的荒原，什么都没有，你必须去不断摸索和发现。

我之前听过一个笑话，说你知道神农氏的最后一句话是什么吗？

答案是:"这草有毒。"

他要看每一种草木都有什么作用,就需要尝遍百草,也就是试错(不惜以生命为代价),而人类最早期的知识都是这样积累下来的。

"试错并改进"是人类探索新知识的好方法,可如果想要获取的是已经存在的知识,就没必要自己独立试错了。不需要重新发明一遍轮子,这是非常愚蠢的。

那些旧有的知识,别人已经帮你归纳和总结好了,如果你去自己独立试错的话,是非常没有效率的事情。

所以在这儿我就可以问大家一句话了:高中数学的学习是要去开拓新的知识边界,还是学习旧有的知识呢?

毫无疑问是学习旧有的知识。

在学习旧有知识的过程中,假如你想把所有的题目都自己做一遍,可是你做一遍错一遍,错完了之后还想不借助任何外力,不看标准答案,也不问老师,就在那儿自己分析问题……这种方法或许你下足功夫会有所成就,不排除你也许能像高斯那样,灵光乍现发现从 1 加到 100 的等差数列求和公式,但这样做在时间上不划算。

可不可以这样做?

可以,但没必要。因为太慢了,高中三年九门功课同步学,哪儿有那么多时间在一个小问题上自己想半天。

因此,《园丁与木匠》里面说,人类学习的第二个方式是模仿,在学习数学知识的时候,你也可以去模仿别人。这就是我为什么要跟大家强调"精读真题答案"这件事特别重要,因为读答案的过程其实就是在观察别人成功的方式,这比单纯地自己在那闷头做题效率要高得多。

那么,这个最高级的步骤是什么呢?叫作听讲,就是你可以去找一个有经验的人,针对你个人的疑惑,请他为你讲授"关键步骤"的细节经验。

"有经验的人",也就是说这个人最好在这个领域特别懂。

"针对你个人的疑惑",意味着他讲解的所有内容都只针对你一个人。为什么很多学生在学校感觉老师讲的东西对自己没有什么帮助?不是因为别的,就是因为老师讲课的目标受众是一个班级,当班级人数比较多时,老师就只能讲一些"中等水平的同学"比较能接受的东西。万一你是一个特别优秀的学生,或者你的成绩特别差,听课的感觉像是一种折磨其实就是一种必然了。

如果你想有特别快速的提升,要解决的最本质的问题是,能不能想办法让老师针对你讲一些东西,一些非常细节的东西。这就是为什么有些家长会给自己的孩子请一个家教,当然请家教成本是比较高的。

中国普通家庭也许负担不起这种私人家教的成本,那么在这本书的最后一章,我会用一小节内容阐述如何向老师提问,以便引导老师给你一些针对性的建议。

试错、模仿和听讲这三种学习方法，按照道理来说效率最高的是听别人有针对性地讲，但我们都知道这个世界上性能最好的东西往往不是性价比最高的东西，如果承受不了那么高的成本，退而求其次，尝试自己模仿正确的解题思路，也是一种很高效的学习手段。

对于已有知识的学习，模仿比独立探索更高效。

这句话在高中数学的语境下的意思是：当你的题目做不出来的时候，不要在那里硬想，建议你通过精读真题答案，模仿真题中出现过的一些关键步骤和细节处理技巧，从而达到提高解题能力的目的。

重新积累知识

你需要积累什么？

让我们重新看一下这张图：

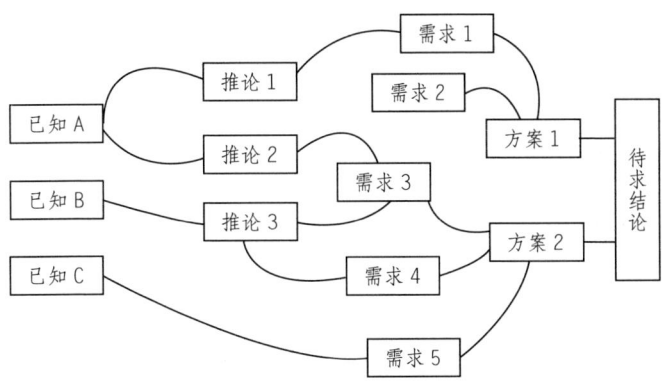

你需要格外注意每一个知识点的表述方式和推论；需要关注每一个结论推导的充分条件；需要通过对知识点的积累，构筑它们之间的关联网络；还需要特别关注代数运算时的结构与变换方法。

这些都是在未来会对你解题过程产生关键影响的地方，在学习的过程中应该积累它们。

第四章

为什么我强烈推荐你精做真题？

MATHEMATICS

1 真题
为什么我强烈推荐你精做真题？

每个老师都会被学生问到各种问题，但如果把所有的问题取最大公约数，我猜应该是：老师，有什么好的教辅值得推荐吗？

在高中数学领域，这个问题的答案是：高考真题。

当我们想要评判一件事情时，你要先有一个标尺；以这个准绳为标准，你或许可以评判所有东西，唯独你不能用这把标尺评判标尺，因为这把标尺先于一切出现，一切都要以它为标准。

应对高考，也有一把这样的标尺。

在这把标尺之下，所有的习题集都是以它为准绳来设计的，你甚至可以用它来衡量一本习题集是不是真的对高考有帮助。

这把标尺，就叫高考真题。

实际上，在高考真题之外，几乎所有的模拟题都存在超纲的风险。

筷子原则：模拟题都是某种意义上的超纲题

我问你一个问题：在你的认知里，高考真题和模拟题相比哪一个更"难"一些？

如果你做过一定量的真题和模拟题，两相对照之后，你的答案就应该是"模拟题"。

为什么高考真题很难达到模拟题的难度？为什么模拟题往往比真题难出一个量级？

有些老师喜欢用"取法乎上，仅得其中；取法乎中，仅得其下"来解释这个现象，认为模拟题要难一点，到了考场上才更轻松；类似于经常用1万米长跑训练体能，再去参加1000米跑的体育测试就是小菜一碟。

实际的原因并非如此，高考真题之所以没出到模拟题的那个难度，是因为高考的命题过程是需要符合《高考大纲》的规范要求；高考命题组的老师并不能像命制模拟题的老师那样"放飞自我"，他们受到更明确严格的制约。

我们在本书的第一章第一节中就特别提过，命题人所受到的最大制约就是"题目数量太少"与"考点太多"之间的矛盾。以全国卷为例，一张试卷 23 道题总共只有 30 个题位（7 道大题各有 2 问），但又需要尽可能地覆盖考纲要求的上百个考点，因此考纲给所有命题人提出的一个刚性约束条件就是必须在知识网络的交汇点处命题。

同一个知识点是有很多不同的考查方式的，看上去好像可以从各个角度考查一个知识点，但事实是有些角度很刁钻，没有办法和其他知识点衔接或融合，那么在高考中就不会出现这样的考法。

你可以把高考数学中的每一个知识点都想象成一根笔直的筷子，每根筷子上有很多节点，对应表示这个知识点不同的考查角度，高考大纲所谓的"站在知识网络的交汇点处命题"的意思是：要找到一个足够合适的角度，来让考生握住两根筷子（同时涉及两个知识点的考查）。

就像两根筷子需要在一个点发力，才能夹起一口菜一样，如果一个知识点的某些考查角度没有办法和其他知识点进行联动，那它就成为一根孤立的筷子，这样的命题角度就永远不会被纳入命题人的考虑范围。

模拟题没有命题数量的限制，教材也许只讲了 80 个知识点，但是相关的教辅却搭配了 500 道模拟题；甚至市面上针对高三学生的模拟题往往都是一个套卷系列。

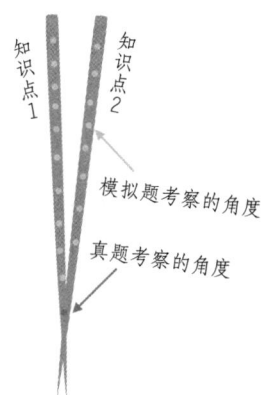

　　这些模拟题拥有如此之多的题位资源,命题人当然可以放飞自我地出题,而高考命题人看到这些神操作之后恐怕也只能想:我要是能不受到限制,也能把题出得这么刁钻。

　　模拟题之所以可以那么难,是因为它们在一定程度上都是超纲题。

　　这就是为什么有些时候你拿了一道特别怪异的题目去问数学老师,经验丰富的老师会告诉你"高考不会这么考"。

　　这真不是老师做不出来所以找个借口糊弄你,而是高考真的不会那么考,即使那道模拟题考查的是我们考纲中的知识点,但它的考查角度确实已经超纲。

一本高考真题，指导你四个阶段的学习

大部分学生真正接触真题是从高三开始的，甚至是从高三二轮复习之后才开始。这就有些晚了，事实上在高中整个的学习过程中，你都可以从以下四个阶段接受来自高考真题的指导。

1. 预习阶段：在开始一个新的单元之前，简单翻阅高考真题（可以选择经过系统化分类的真题），可以预先知道这一单元都有什么知识点，它们将以怎样的"频率"出现在高考当中；而且，高考真题试卷中不同难度的知识点出现的位置其实有规律，你可以据此估测到相关知识点的难易程度，进而决定自己对下一阶段学习的重视程度。

2. 学习阶段：每一节课后，高考真题还可以帮你对这一节课做一个系统性的回顾与反思。你可以问自己："这一节课所讲的内容，能够帮助我们解决哪一部分的高考考点？"很多同学在漫长的学习过程中，不知道自己现在所做的事情将有什么样的价值，久而久之产生了懈怠心理。而手边有高考真题的话，就可以不断思考现在所学的课程与高考真题之间的联系，这样将缩短学习的自我反馈时间，避免学习过程中的迷茫和懈怠。

3. 练习阶段：对高中学生而言，高考真题才是检验学习成效的唯一标准。做对一道普普通通的模拟题，没什么感觉，做错了也没什么感觉。但是做对一道高考真题，你可以预估到自己未来在考场上面对同类题型时会有良好的表现，这将极大增强你学习

的自信心；又或者在学习之后发现自己对真题的解答不太完美，你也可以大概知道自己与真实考试间的差距，从而可以立即着手进行弥补。如果你一直等到高三下学期才开始接触真题，那么每个知识点的问题可能一直到那时才会暴露，想想那是多么可怕的一件事情吧。

4. 复习阶段：真题在复习阶段的重要价值更加不言而喻。进入高三后，只有独立地训练几套真题，你才可以根据自己的最终表现，系统地检查自己的知识漏洞，并调整自己在考场上的做题节奏，提升自己的"应试技能"。

总之，在预习、学习、练习、复习整个学习过程中，高考真题都将发挥不可替代的作用；缺少这本资料，你整个学习过程的效率都会大打折扣。

"真题不能做太早"的理由充分吗？

长久以来，很多老师反对学生过早接触真题的主要理由是：真题涉及的知识点过于庞杂，低年级的学生没有学全所有知识，找不到适合当前考点的真题。

其实问题的关键不是真题做得早与否，而是如何做真题，做怎样的真题。对高三的同学来说，最好的真题材料是套卷，你可以在网上下载，也可以花很少的钱在书店（无论是线下实体店还是网上书店）买到。我们稍后还会单独谈一下为什么在进入高三之后一定要多做套卷，少做针对具体章节板块的题目。

现在已经有很多教辅对高考真题题库进行了系统化的分类，比如全国每一个学生都知道的《五年高考三年模拟》现在就出了分册版，针对每一本教材单独整理包含相关章节的题目。其中选择的高考真题从数量上比模拟题少了一个量级，做起来更轻松，但含金量却比模拟题要高得多。

还有同学会问："我是否应该在高考真题之外再多买一些其他的资料呢？毕竟题海无边，多多益善嘛。"

我的回答是："尽量不要。"

盲目使用其他资料，有时非但不能提高你最终的考试成绩，消耗你原本就不多的时间，而且还有可能带来许多误导。

举个例子，有些资料声称所谓基础题都是从条件可以直接推出结论——这种题目做完之后你会有一种"加深了知识点的印象"的幻觉，但是，高考真题绝对不会给一个可以直接导出所求结论的条件。

还有一些资料，盲目追求所谓深度解读和拓宽，穷尽每一个知识点在历年考卷中的压轴题目的展现形式。很多同学在这些题目上投入大量的时间，而事实上也许你连续参加十年高考，也未必会碰到一道这样的题目。

高考真题所考查的知识点，既不会简单，也不会困难；既不会太少，也不会太多，它总是恰到好处。

做完高考真题之后,模拟题是一个可选的补充,但我绝对不赞成在对真题理解不足的情况下侧重使用模拟题。

要知道,"做完高考真题"这个前提条件实际上是非常苛刻的。

2 例题
数学教材的干货提取指南

在本书的第一章,我们反复谈论的一点是,从高考的实战层面考虑,命题人和考生之间是存在互动的;知识点很重要,但比知识点更重要的是知识点在真题中的"考查方式"。

许多同学在阅读自己无法独立构建解题思路的真题答案时常有如下的感叹:"天!这是怎么想到用这个知识点的?"出现这种现象的根本原因在于,他们不理解这个知识点的考查方式,无法将题目中的条件进行转化。

而"教材例题"无疑是我们提炼"知识点考法"的重要材料。

教材例题是知识点的使用说明书

教材例题有什么用？

我们从逻辑上不难理解"教材例题的价值"。数学教材的编写者在讲清一个知识点的来源与结论之后，紧接着向读者展示若干例题，这样做的目的无疑是为了向读者说明"在如下题目条件出现时，应当想到以上知识点"。

让我以"正弦定理"为材料举个小小的例子。在新课标教材"正弦定理"的知识点讲述完毕后，教材编写者展示了两道例题：

例1：在 $\triangle ABC$ 中，已知 $A=32.0°$，$B=81.8°$，$a=42.9$cm，解三角形。

例2：在 $\triangle ABC$ 中，已知 $a=20$cm，$b=28$cm，$A=40°$，解三角形。

不知道在不同的教育工作者眼中，这两道例题蕴含的信息究竟何在，就个人而言，我认为这两道题教会学生的是：

已知三角形两角与一边，用正弦定理；已知三角形两边与一角，用正弦定理。

教材的编写者还在例题之后设计了四道课后习题，对这个信

息进行强调,我把这几道例题展示给大家看看:

1. 在△ABC中,已知下列条件,解三角形(角度精确到1°,边长精确到1cm):

(1)$A=45°$,$C=30°$,$c=10$cm;

(2)$A=60°$,$B=45°$,$c=20$cm。

2. 在△ABC中,已知下列条件,解三角形(角度精确到1°,边长精确到1cm):

(1)$a=20$ cm,$b=11$cm,$B=30°$;

(2)$c=54$ cm,$b=39$cm,$C=115°$。

事实上,我们从例题中提取的信息直接就体现在了历年高考真题的解题策略当中。我们可以看一下2016年的一道高考真题:

(2016年全国2卷理科数学T13)在△ABC中,已知$\cos A=\dfrac{4}{5}$,$\cos C=\dfrac{5}{13}$,$a=1$,求b。

如果对教材习题所暗示的信息提炼足够到位,那么即使这道题目的角度给的都是余弦值,你也应该知道用正弦定理进行解答。

真正懂得如何利用教材的学生和老师,都可以从任何一节教材的编写中察觉"课本"与"高考"之间的隐秘关联。

在"正弦定理"这一节之后，教材在"余弦定理"的知识点后也搭配了两道例题：

例3：在△ABC中，已知$b=60$cm，$c=34$cm，$A=41°$，解三角形。

例4：在△ABC中，已知$a=134.6$cm，$b=87.8$cm，$c=161.7$cm，解三角形。

应用与上文类似的分析方法，我们最终从"解三角形"这部分的四道例题中得到了四条构思原则：

（例1）已知三角形两角与一边，用正弦定理；

（例2）已知三角形两边与一角，用正弦定理；

（例3）已知三角形两边与一角，用余弦定理；

（例4）已知三角形三边，用余弦定理。

这就是教材例题所体现的关键信息。它教会了我们在未来考试中看到什么样的条件，就应该想到什么样的知识点。

知道了这些，再翻阅十年来全国各个省份关于正、余弦定理的高考真题，我相信你一定能一眼识别应该应用哪个知识点解题。

一道考场上被上千学生做错的例题

如果你对教材例题缺乏足够的了解，那么你在高考考场上还会遇到很多麻烦。

比如咱们之前在第二章讲过的 2018 年全国 1 卷理科数学的第一道大题，是一道非常传统的"解三角形"的题目，我把这道题放在下面：

在平面四边形 $ABCD$ 中，$\angle ADC=90°$，$\angle A=45°$，$AB=2$，$BD=5$。

（1）求 $\cos \angle ADB$；

（2）若 $DC=2\sqrt{2}$，求 BC。

如果你对教材例题足够熟悉，那么对这道题该如何解应该是一目了然的——应该用正弦定理：

（1）在 $\triangle ABD$ 中，由正弦定理得 $\dfrac{BD}{\sin \angle A}=\dfrac{AB}{\sin \angle ADB}$

代入数据得：$\sin \angle ADB = \dfrac{\sqrt{2}}{5}$，

由题设知，$\angle ADB < 90°$，所以 $\cos \angle ADB = \sqrt{1-\dfrac{2}{25}}=\dfrac{\sqrt{23}}{5}$

在第一问中，题目是让我们在 $\triangle ABD$ 中进行求解，而题干明确告诉了我们三角形的两边和其中一边所对的角,根据教材例题的提示,应该使用正弦定理。

可是,在我当年批阅试卷的过程中,却见到了大量的学生在解答这道题的第一问时,使用了两次余弦定理。

这个思路从理论上看很可行。根据 $\angle A$ 的余弦定理值求解 AD 这条边的长度,这样 $\triangle ABD$ 的三边就都是已知的了,接下来再用一次余弦定理,我们就可以得到最终想要的 $\cos\angle ADB$。

听上去逻辑非常严谨对吗?但是魔鬼藏在细节之中。

我们来看一看这道题如果用余弦定理来计算会出现什么问题:

(1) 由余弦定理可知:$\cos\angle A = \dfrac{|AD|^2 + 4 - 25}{4 \cdot |AD|}$,

代入数据得:$|AD| = \sqrt{2} + \sqrt{23}$,

从而得到:$\cos\angle ADB = \dfrac{(\sqrt{2}+\sqrt{23})^2 + 25 - 4}{10 \cdot (\sqrt{2}+\sqrt{23})}$

你看看这最后一行:形式太复杂了。

造成这种复杂代数形式的直接原因,就是在最开始计算 $|AD|$ 时,我们得到的是一个二次方程,而这个二次方程没有"有理数根",我们得到的是一个根号加根号的复杂形式,在接下来的余弦定理求角中,这个 $|AD|=\sqrt{2}+\sqrt{23}$ 经过分子的平方和分母的除法,复杂度再次被放大了。

在当年的高考考场上，走到这里的学生，要么是没有办法化简出最后的数据，要么是在繁杂的运算中直接出错，总之非常遗憾。

我在阅卷场上批阅到几千份用这种方式计算失败的试卷时，心里最大的疑惑是：教材的例题已经告诉了我们在已知两边和对角的情况要用正弦定理了，大家难道就不看教材的吗？

教材例题出现的终极意义，就是为了告诉你：这个知识点将会在考试的时候这样考。

所以，"高考题目源于课本"这句话真的不是随便说说，同学们**一定要认真对待教材例题！**

3 复盘
更有效的错题集应该如何整理?

在这本书的第一章我们谈论了命题人与考生之间的互动方式,以前上课的时候每当我讲完这一节内容,总有学生举手问我:那我们应该如何找到更多类似于"看到外接圆就想到正弦定理"的例子呢?

答案是:从真题中搜集和整理。

错题分析

我们在第三章花了很大篇幅谈论如何对一道题目进行解构和

分析，希望你能通过对这些方法的独立应用，从高考真题当中汲取对你最有价值的素材，帮助自己在面对真题时能以"致敬经典"的心态迅速完成条件转化、构建解题思路、执行最终运算。

其实，学习过程中解错题并不可怕，关键在于当你的解答出错时，你如何对待自己的错误。

那些错误的地方往往蕴含着可能会被你忽略的考点，暗藏你不会用的技能，所以你要通过精读错题答案，沿着我们讲过的解题分析思路，定位那些导致你出错的地方。

最后，从浩如烟海的题目中好不容易发现了自己的错误，定位了解错的步骤，进行了深入的错题分析，得到了宝贵的素材，我们还要回归一个最本质的问题：你应该如何把这些成果保存下来呢？

这就引出了我们这节最关心的话题：如何用更加科学的方式整理自己的错题集。

整理错题集的几个误区

普遍而言，中学生整理错题集最主要的错误体现在以下三点：

其一，过度关注题目本身，没有用庖丁解牛的方法详细拆分高考必备的知识点；其二，缺少对"答案为什么这样转换题目条件"的思考,无法总结知识点的考查方法;其三,"只收集,不归类",几十、上百道题目一团乱麻堆在一起,无法进行系统性的对比和反思。

殊不知,高考题目虽然千变万化,但是真正关键的"高考必考的知识点"和"知识点的考查方法"却始终未变;整理完错题如果不加以对比和反思,我们就无法从过往的错误中找出影响我们解题成败的关键因素,从而也就无法改进和提高。

整理错题集的四条原则

整理错题集,需要遵循以下四条基本原则。这四条原则体现了整理错题集的中心任务。

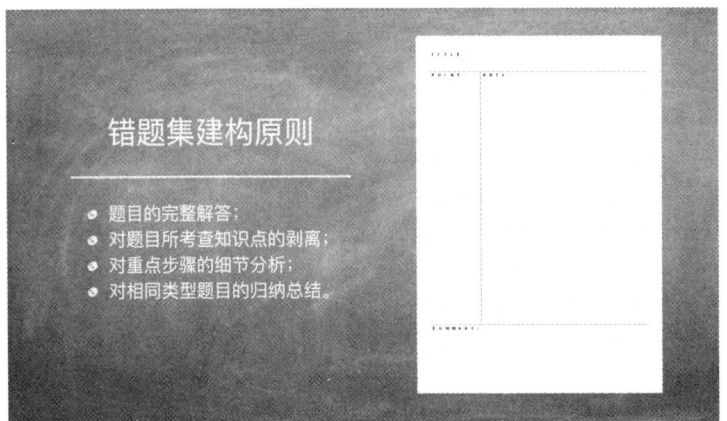

1. 题目的完整解答：以符合高考试卷答题要求的方式，将答案完整地呈现，这是大部分同学都会做到的一点（然而，大部分同学也只做到了这一点）。

2. 对题目所考查知识点的剥离：题目本身并不关键，关键的是题目所蕴含的考点。因为这道题虽然做错了，但这道题目考查的知识点下次你还会用到，所以，比知识点更重要的是"知识点的考查方式"。

3. 对重点步骤的细节分析：题目答案的某些步骤涉及了对复杂计算的化简，或者某些步骤非常巧妙地将某一项条件融入了解题的过程当中——这些都是可能在未来为我所用的细节，这一类题目当然是值得整理的。

4. 对相同类型题目的归纳总结：只有把相同类型题目放在一起，才能便于总结这类型题目的标准化处理模式，整理出属于自己的套路，在未来的考场上见招拆招。

基于这四条基本原则，我对同学们整理错题集的工具就提出了要求，大家最好使用"Cornell"笔记纸。这种笔记纸将整个页面分成了三个部分：主体部分的书写内容对应错题集整理的第一条原则——题目的完整解答；侧边栏帮助我们提取题目解答各个步骤用到的知识点，以及对重点步骤完成细节分析；底栏位置则用于添加相关题目索引，以及对相同类型题目的归纳总结。

归类：如何构建索引框架

整理错题的目的是便于未来能对它们进行系统性回顾，然而有很多同学整理完错题之后从来不看，这就丧失了错题集存在的意义。

造成这种现象的主要原因是：这类同学的错题集犹如一盘散沙，相同类型的题目散落得到处都是，查找起来既不方便，回顾起来又缺乏框架脉络，这样的错题集久而久之就不愿意去翻了。

想避免这种状况，在最初整理时就应该有所设计。

这个设计的重点是要用活页纸整理错题，并且每一张纸只能整理一道错题。

为每一张纸标号，下一次遇到与之前类似的错题时，我们就可以将不同的错题自动归类，而你也不必单独建立一个类似"目录"的东西。

我们来举个例子展示利用活页纸的归类方法：

假如你的错题集第 1 页是一道关于"余弦定理"的题目，第 6 页又有一道"余弦定理"相关的题目，那么请在第 6 页底栏标注 p1，表明第一页的题目与之相关，这时你还需要返回第 1 页，在底栏标注 p6，从而建立一个双向索引机制。

假设第 20 页又出现了与"余弦定理"相关的错题，则翻阅以前错题，找到一道类似题目（比如在第 6 页）；这时我们会注意到第 6 页底栏还标有 p1，因此第 20 页底栏我们会标注 p1 和

p6，同样也要在第 1 页和第 6 页底栏添加标注 p20。

之后当与"余弦定理"相关的错题再次出现时，遵循上述原则，依次将新的题目号码标注至之前的所有题目之下，这一点特别重要，一定要让你的相关题目之间可以互相关联检索。

当你累积了一些题以后（比如：已经积累了 100 道错题），你可以依照每一页笔记下方的索引，将不同题目分别装订成一摞。比如打开第一页错题笔记，你看到下方标注有 p6、p20、p47 和 p92，那么这五道题目就自然地成为"一类"。

如此一来，你积累的就不再是一盘散沙式的上百道错题，而是若干种类型的考题。

也只有通过这种方法，你才有可能在未来抽出以往的错题进行回顾，几百道错题很难让人有复习的欲望，然而十几类错题总是容易回顾的。

下面我为大家展示几张我整理好的错题集以作示范：

TITLE: 0365

2019年江苏卷理科数学 T14

POINT:
$y = f(x) = \sqrt{1-(x-1)^2}$
$(x-1)^2 + y^2 = 1$
$y \geq 0$

$y = k(x+2)$

翻译：
$y = f(x)$ 与 $y = g(x)$ 的图象在 $[0,9]$ 上有 8 个交点

NOTE: 设 $f(x)$, $g(x)$ 是定义在 R 上的两个周期函数，$f(x)$ 的周期为 4，$g(x)$ 周期为 2，且 $f(x)$ 为奇函数，当 $x \in [0,2]$ 时，$f(x) = \sqrt{1-(x-1)^2}$，

$g(x) = \begin{cases} k(x+2), & 0 < x \leq 1 \\ -\dfrac{1}{2}, & 1 < x \leq 2 \end{cases}$，其中 $k > 0$。

若在区间 $[0,9]$ 上，关于 x 的方程 $f(x) = g(x)$ 有 8 个不同的实数根，则 k 的取值范围是 _____。

解： $x \in [0,2]$ 时，$y = \sqrt{1-(x-1)^2}$，则 $(x-1)^2 + y^2 = 1$

∴ $f(x)$ 是以 $(1,0)$ 为圆心，1 为半径的圆

又 ∵ $f(x)$ 为奇函数，周期为 4

∴ 在区间 $[0,9]$ 上图象可以画出

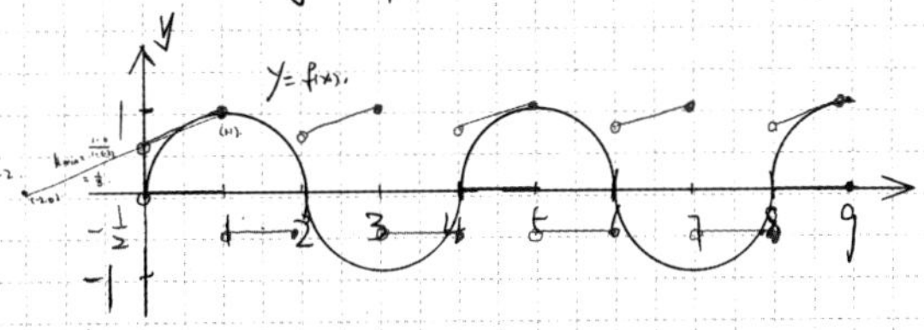

[图象：坐标系中绘出 $y = f(x)$ 的周期曲线]

$f(x) = g(x)$ 有 8 个实根，即两个函数图象有 8 个交点。

∵ $T = 4$，∴ $f(x)$ 与 $g(x)$ 在 $x \in [0,1]$ 有 2 个交点

① 直线与圆相切
所以圆心到切线距离
② 当直线与半圆相切时

SUMMARY:
等于半径
$d = r$，即 $\dfrac{|3k|}{\sqrt{k^2+1}} = 1$，$k = \dfrac{\sqrt{2}}{4}$（$-\dfrac{\sqrt{2}}{4}$ 舍去）

① $y = k(x+2)$ 经过 $(1,1)$ 时，$k = \dfrac{1}{3}$
② $kx - y + 2k = 0$，$(x-1)^2 + y^2 = 1$

∴ k 取值范围为 $\left[\dfrac{1}{3}, \dfrac{\sqrt{2}}{4}\right)$

163

TITLE: 0371

NOTE: 2019年北京卷文科数学 T16(1)

POINT: 错位相减

$\begin{cases} a_n = a_1 + (n-1)d \\ S_n = na_1 + \dfrac{n(n-1)}{2}d \end{cases}$

① a_1 和 d 为相关量

② 等比中项
a, b, c 等比
则 $b^2 = a \cdot c$

设 $\{a_n\}$ 是等差数列，$a_1 = -10$，且 a_2+10，a_3+8，a_4+6 成等比数列。

(1) 求 $\{a_n\}$ 的通项公式

解： ∵ 等比数列
∴ $(a_3+8)^2 = (a_2+10)(a_4+6)$
$(-10+2d+8)^2 = (-10+d+10)(-10+3d+6)$
$(2d-2)^2 = d(3d-4)$
$4d^2 - 8d + 4 = 3d^2 - 4d$
$d^2 - 4d + 4 = 0$
$(d-2)^2 = 0$
$d = 2$
∴ $a_n = a_1 + (n-1)d = -10 + 2(n-1)$
$= 2n - 12$

SUMMARY:
相关推荐：
《高剑浒示十套卷·0234》

TITLE: 0386 2019年天津卷文科数学T18(2)

POINT: 数列 求和.

① $a_n = 3n$
  $b_n = 3^n$

② 分组求和

等差数列 可以含有到括号的等差数列.

NOTE: 设 $\{a_n\}$ 是等差数列, $\{b_n\}$ 是等比数列, 公比大于 0. 已知 $a_1 = b_1 = 3$, $b_2 = a_3$, $b_3 = 4a_2 + 3$.

(2) 设数列 $\{c_n\}$ 满足 $c_n = \begin{cases} 1, & n\text{为奇数} \\ b_{\frac{n}{2}}, & n\text{为偶数} \end{cases}$ 求 $a_1c_1 + a_2c_2 + \cdots + a_{2n}c_{2n}$ $(n \in \mathbb{N}^*)$.

解: $a_1c_1 + a_2c_2 + \cdots + a_{2n}c_{2n}$ ← 错位相减

$= (a_1 + a_3 + a_5 + \cdots + a_{2n-1}) + (a_2b_1 + a_4b_2 + a_6b_3 + \cdots + a_{2n}b_n)$

$= [n \times 3 + \dfrac{n(n-1)}{2} \times 6] + (6 \times 3^1 + 12 \times 3^2 + 18 \times 3^3 + \cdots + 6n \times 3^n)$

$= 3n^2 + 6 \times (1 \times 3^1 + 2 \times 3^2 + \cdots + n \times 3^n)$

记 ① $T_n = 1 \times 3^1 + 2 \times 3^2 + 3 \times 3^3 + \cdots + (n-1) \times 3^{n-1} + n \times 3^n$

② $3T_n = 1 \times 3^2 + 2 \times 3^3 + \cdots + (n-2) \times 3^{n-1} + (n-1) \times 3^n + n \times 3^{n+1}$

①-②

$-2T_n = 3^1 + 3^2 + 3^3 + \cdots + 3^n - n \times 3^{n+1}$

$2T_n = -\dfrac{3(1-3^n)}{1-3} + n \times 3^{n+1}$

$2T_n = \dfrac{(2n-1)3^{n+1} + 3}{2}$ ⟹ $T_n = \dfrac{1}{4}(2n-1)3^{n+1} + \dfrac{3}{4}$

SUMMARY:

$\therefore a_1c_1 + a_2c_2 + \cdots + a_{2n}c_{2n} = 3n^2 + 3 \times \dfrac{(2n-1)3^{n+1} + 3}{2}$

$= \dfrac{(2n-1)3^{n+1}}{2} + 6n^2 + 9$

相关推荐: 高中数学 15讲-0804.

 **查漏**
如何迅速地系统检索知识漏洞?

高中时代的时间只有那么多,人的精力更是有限,要如何提高学习效率呢?

答案是:把时间用在真正需要你花费时间的问题上。

在 2017 年的寒假,有个学生向我咨询。他是当地重点高中的毕业班学生,由于身体原因,上半学期经常请假,学到的知识断断续续;现在进入了复习阶段,不知道应该怎么下手补救,心里感到很焦虑,想要听听我的建议。

这个同学基于自己的特殊情况提出的问题,其实反映了一个普遍问题。很多同学即使没有请假,第一遍学过的知识也是零零散散，有的会有的不会，所以我为他特地写了一篇回复，解释"如何迅速定位自己的知识漏洞"。现在我把这篇文章也收录进了这本书中，相信它也一定会对你有帮助！

前提："查漏"比"补缺"更重要

无论做什么事儿，都应该在这个任务开始之初先弄清楚目的，然后朝着这个最终目的一步一步推进自己的规划。所谓"有的放矢"，说的就是这个意思。

对即将进入复习阶段的同学来说，要紧的事情有两件：首先是对基础知识的查漏补缺，其次是整合与提升。对那些说自己上课时学的东西断断续续的同学来说，就更是如此。那么在准备着手总复习之前，你首先需要明白：自己有什么不会的东西。

查漏补缺这四个字，"补"固然是最影响学习效果的一个环节，但在我看来最重要的是这个"查"字。

举个例子，我前年胃病频繁发作，在校医院治病，医生仅仅给我开一些常规的胃药，反复小半年的时间也没有解决问题。后来转诊去了比较正规的医院，医生建议我先做胃镜检查，这次检查的费用可能比我这半年吃过的所有药还贵，但却发现了我这是浅表性胃炎。所以医生据此调整了我的处方单，两周后胃痛就完全消失了。

我之所以举这个例子，是想让同学们知道：我们总强调治病的这个"治"字，可如果你的病因找不对，后期再多的治疗很可能都效果不好。

所以，对于你的这个问题，我今天主要想谈一谈"如何迅速地查找自己的知识漏洞"。

先分级，才能针对性优化

其实，"查找知识漏洞"这件事情本身并不难，难的是要**对自己的不同类型知识漏洞区别对待**。

如果仔细观察，你会发现成绩比较差的学生只会笼统地说"这些知识点我都不会"。也许他有 100 个不会的知识点，但如果再问他感觉哪些知识点问题最严重，他就说不上来了，换句话说，这 100 个不会的知识点在他眼里是同样的严重程度。那学习时他自然也就倾向于在每个知识点上投入相同的时间进行补救。实际上这是一种效率很低的方法。

而那些成绩提升很快的学生有一个特点，就是能对自己的知识点漏洞进行不同级别的划分，轻重缓急一目了然。

那些你不会的知识点，有些属于严重的漏洞，需要下大力气去弥补；有些则属于比较浅层次的疏忽，把这个小疏忽堵住就可以了。

那知识的漏洞总共有几种类型呢？我作了一张图，来对知识点漏洞的严重程度进行了具体的评级：

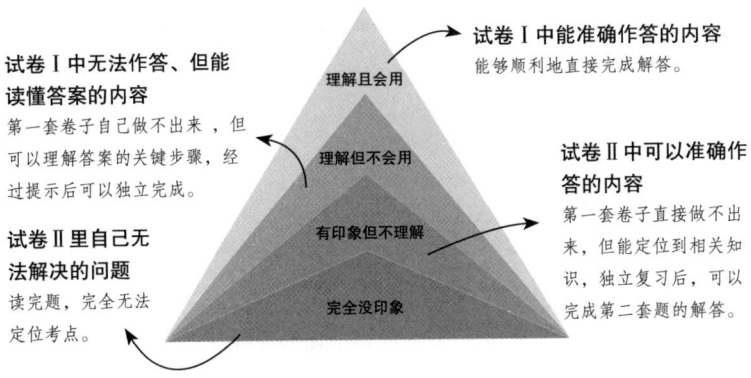

*进行测试时，以上所有解题过程不限时；复习知识点的过程以 25 分钟为限。

这张图的核心是教你如何"迅速评估自己知识漏洞的严重程度"，我将其称为高中数学的能力评级原则，它的基础落脚点是《高考大纲》的数学部分对学生划定的三个不同的能力层级。

I. 考核目标与要求

根据普通高等学校对新生文化素质的要求，依据中华人民共和国教育部 2003 年颁布的《普通高中课程方案（实验）》和《普通高中数学课程标准（实验）》的必修课程、选修课程系列 2 和系列 4 的内容，确定理工类高考数学科考试内容。

一、知识要求

知识是指《普通高中数学课程标准(实验)》(以下简称《课程标准》)中所规定的必修课程、选修课程系列2和系列4中的数学概念、性质、法则、公式、公理、定理以及由其内容反映的数学思想方法，还包括按照一定程序与步骤进行运算、处理数据、绘制图表等基本技能。

各部分知识的整体要求及其定位参照《课程标准》相应模块的有关说明。

对知识的要求依次是了解、理解、掌握三个层次。

1. **了解**：要求对所列知识的含义有初步的、感性的认识，知道这知识内容是什么，按照一定的程序和步骤照样模仿，并能(或会)在有关的问题中识别和认识它。

这一层次所涉及的主要行为动词有：了解、知道、识别、模仿、会求、会解等。

2. **理解**：要求对所列知识内容有较深刻的理性认识，知道知识间的逻辑关系，能够对所列知识做正确的描述说明并用数学语言表达，能够利用所学的知识内容对有关问题进行比较、判别、讨论，具备利用所学知识解决简单问题的能力。

这一层次所涉及的主要行为动词有：描述、说明、表达、推测、想象、比较、判别、初步应用等。

3.掌握：要求能够对所列的知识内容进行推导证明，能够利用所学知识对问题进行分析、研究、讨论，并且加以解决。

这一层次所涉及的主要行为动词有：掌握、导出、分析、推导、证明、研究、讨论、运用、解决问题等。

理解不等于会用

讲这四个层次之前，我想先谈两个关键的概念："理解"和"会用"（也就是考纲中所说的"掌握"）。这是两个有本质差异的词。

如果你给一个学生点出某个知识点后，他能"完整"而且"准确"地叙述这个知识点所包含的所有细节，那么我们就认为他理解了这个知识点；但是理解不等于会用。

达到"会用"这个层次，意味着他读完一道题目之后能够自主联想到这个题目考查的是哪个知识点，进而能应用这个知识解答题目。

也就是说："理解"涉及的是知识点本身，而"会用"关系的是知识点的应用方法。

曾经有同学问我:"老师讲的东西我都懂,但是题做不出来,考试成绩不理想,是什么原因呢?"原因就在于我们常常把自己刚刚"理解"的东西误以为是已经熟练"掌握"的。

四项能力指标

区分完"理解"和"会用"这两个概念之后,我们可以根据这两个指标,将高中全部的知识归入四个能力层级范畴:

第一个层级叫作"理解且会用"。就是当你看到一道与这个知识点相关的题目时,就能知道它考的是什么东西,并且可以迅速完成解答。

第二个层级是"理解但是不会用"。这个我们刚刚已经说过了,就是老师讲的知识都会,记得也很清,可是具体做题时,却想不到要用这个知识点。

第三个层级叫作"有印象但不理解"。当你看到一些题目时,你大概知道它可能是考某个知识点,但这个知识点的具体内容你已经忘了,或者最开始就没有学好。这类知识点其实已经谈不上"理解"了,因为理解的知识点是很难忘的一干二净。

最差的一个层级是"完全没有印象"。这意味着读完题目之后你根本就不知道在说什么,甚至给了答案,你也许都看不懂。

这四项能力评级，实际上是为学生以后的学习划定的一个"优先级"：以后你在学习的过程中，看到了一个知识点，问的就不是"会"与"不会"，而是"这个知识点对我而言属于什么层级"。对于不同类别的知识点，我们就应该给予不同的关注程度，花费不同的精力。

接下来我们来说说如何"迅速地将高中数学的全部内容进行分级归类"。

迅速分类的具体方法

这里我们介绍一个简捷的方法，帮助你用两套高考真题迅速完成对知识点漏洞的检查与分级。方法是找到两张高考真题试卷（建议是最近三年的任意两张），然后执行下面两个步骤：

第一步是分别把这两张卷子做了，但做的时候要注意：

首先拿第一张试卷，尝试独立自主地解答。可以不限时，但是不许看书，能做多少是多少，想不出来就算了。做完这张试卷的目的，并不是找出你有多少不会的，而是要看看你有多少"理解且会用"的内容，有多少知识已经掌握得比较熟练了。在后期学习的过程中，就可以在这上面只花少量的精力，巩固和复习就可以了。

接下来做第二张试卷，这次你仍旧可以不限时地做，而且你还可以去翻书，甚至是教辅资料，但是不能直接看答案。一道题目你暂时想不出来解法不要紧，只要你能看出来这道题是在考什么，并且能找到这个知识点在什么地方，你可以去把这个内容弄清楚，然后回过头把题完成，这样的题目我认为算是你"有印象，但是之前不太理解"的。

你可能还会问，那还有"理解但不会用"和"完全没有印象"这两类题目，应该如何细分呢？这就需要你执行第二个步骤：看答案。

翻开两套卷子的答案，你会发现，有一些题目尽管自己没能做出来，但是当你看到答案提示说"本题考查了×××部分的知识点"，以及给出的一些关键步骤的处理方法之后，理解了这些关键步骤的意义所在，合上答案后可以独立把这道题目给做出来，那么这类题目考查的就属于"理解但不会用"的知识点。

当然还有一类知识点，就是我们之前说的连答案都看不懂的，这就属于"完全没有印象"了。

两点重要提醒

我曾给很多学生实测过上面的这套方法，如果你只以两套试卷测试的话，总共需要 10～12 个小时。高中数学的知识点其实没有你想象的那么多，你任选三套高考真题，它们一定能覆盖 80% 以上的知识点。如果身边有一个不错的老师的话，根据两套卷子，老师就大致能够看出你整个高中数学所有知识点学习的基本状况了。

我还要提醒两点：

第一点：如果你找不到合适的老师，想要自己独立完成检测的话，我的建议是前面所要求的两张卷子你最好各做三张，也就是说你要把两张试卷变成六张试卷，学习时间和检测时间相应也要增加一些，这样你对自己的了解才能更全面。

这是非常公平的，因为其中节省出来的时间就是一个好老师的价值所在；只要方法正确，肯下功夫，即使没有老师指导，无非也只是多花时间的问题。

第二点是关于时间的问题：总的来说你的解题时间可以不限时，因为要检测的是这个知识点"会不会"，而不是"熟不熟"，所以只要能做得出来，无论你用多长时间都可以；但是翻书查资料的时间是要限定的，我的建议是 25 分钟。因为如果 25 分钟的时间里你还没找到对应的资料，或者找到了还理解不了，那说明这道题考查的知识点不是你之前学过、现在忘了的类型，而是你之前根本没有学懂，也就是属于那种"完全没有印象"的知识点。

这个核心的要点是：**解题时可以不限时，但看答案时一个题目要以 25 分钟为限。**

希望这个方法能帮你利用较短的时间迅速定位自己的知识漏洞，并为接下来的复习做好充足的准备。

提问
如何提问,使老师给予针对性指导?

很多同学都认为在学校听老师讲课效率很低,所以他们要去校外的培训机构,还有一些追求更高效率的学生要选择一对一教学。

这样做的原因之前我们也提过,中学里每个班级几乎都是五六十人的规模,老师讲课时主要针对的是中位水平的学生。如果他只针对成绩拔尖的10位同学备课,那他讲的内容班里剩下的多数学生就听不懂了;反之他要是只讲基础的内容,除了成绩差的学生认真听讲之外,其他学生恐怕都要睡觉。

如果老师讲的内容,有些是你已经知道的,那就不需要再重复听一遍；有些远远超出了你目前的能力范围，无法理解，那这样的东西，你听再多也没用。

听讲的要义在于：让别人针对你的困惑，把解决方案讲给你听。很多同学感觉自己听课的效率不高，其实原因并不在于你听课时注意力不集中。你也许没有注意到，真正拉低你效率的原因其实是，老师讲的大部分东西都不是你真正需要的。

那么你有没有办法引导老师针对你的困惑，跟你解释清楚你不懂的问题呢？

答案是：有的，你可以通过恰当提问，引导老师给予你针对性指导。

谈话第一原则：保持信息对等

很多学生在提问时会觉得自己跟老师的关系是不平等的，在心里觉得是在向老师"索取"和"求指导"。这种心态让他们感到害怕，从而无法顺畅沟通。

日本明治大学有一位教育学教授，叫作斋藤孝，他写过一本书叫《如何有效提问》。在这本书里，斋藤孝写道：有效提问的要义在于提问者应该保持与被提问者的"对等关系"。这种对等关系不是单纯的下对上的关系，也不是外行和内行的关系，而是谈话信息上的对等。

例如：你要向老师请教问题，尽管你们具有"先天身份上的不对等"，但是在沟通过程中，要尽可能地去保持"谈话信息上的对等关系"。具体而言，就是要"让彼此的思考角度能够保持一致，能保持共同理解的状态"。虽然对方身份比你高，但如果他能理解你的视角或想法，那么你们在沟通的时候，信息上就是平等的。这种平等对于建立更深一步的沟通关系非常重要。

大部分同学题目不会，就直接拿着题目去找老师，说："老师具有我这道题不会，你给我讲讲吧。"这种学生，永远无法得到老师具有"针对性"的解答。因为，这样的提问方式没有给老师足够多的信息，老师根本就不知道这道题你究竟哪儿不会，所以他只能泛泛地给你一个答案。

而这样的讲解往往效果很差，你们之间的信息交流也是不对等的。你没有把老师引向你思考这个问题的角度，他就只能按照自己的解题思路，给出笼统的回答。

区分"闲聊"和"讨论"

海德格尔在马堡大学任教的时候，在课堂上对他的学生说过一句很重的话：说出那些未经深思熟虑的想法，只是一种"闲聊"，而不是真正意义上的"讨论"。

在我看来，海德格尔的提醒值得我们所有人在想要张口提问之前仔细回想三遍，这样你就会意识到那种"这道题我不会，你给我讲讲吧"的提问方式，归根结底是一种不负责任的"闲聊"。

真正的学霸，永远不会这样讨论问题。

我在高中时就观察到一个现象，每次考试结束后，班上总会有一些学习成绩特别好的同学交卷之后在讨论题目，这在你的身边可能也很普遍。

最开始，我以为这只不过是"优等生们的嘚瑟"，想要显摆自己能把题目做对，等到后来我也加入了他们的讨论，才发现他们的讨论和我想的很不一样。我以为的"讨论答案"就只是互相核对一个答案，大家估算一下自己能得多少分，但他们在对完答案之后，还会有这样的对话：

A说：我是用××方法做的这道题，做到××处时我遇到了个麻烦，后来我是这么解决的……

B说：我最开始用了××方法，后来到××处发现不行，所以就换了一个新方法。

C说：B的那种方法我也试了，你做不出来的，主要原因是……

D说：我感觉A的这一步复杂了，你要是从这个方向解题，会更好……

类似于这样的讨论，能从教学楼一直进行到餐厅，再到宿舍。

你看，C 同学实际上是针对 B 同学的问题进行了一次讲解，而 D 同学则针对 A 同学的结果进行了一次优化。在整个对话中，你看出来 A、B 这两个同学是在向后面 C 同学和 D 同学进行索取吗？

这群人之间的讨论才是真正"信息对等"，他们每个人都能"让彼此的思考角度保持一致，保持共同理解的状态"，并且针对对方的思考角度表达自己的观点。

这样的讨论才是真正意义上能提高你学习能力的讨论，而学渣们口中的讨论，大多数其实只是闲聊。

将"闲聊"升级为"讨论"的六个要点

在向老师或者同学请教时，到底该怎么把老师的视角引向你看待问题的方向呢？

我的建议是，当你向老师请教问题时，你最好能陈述以下六个要点：

（1）关于这道题，自己会什么；

（2）关于这道题，自己是怎么想的；

（3）关于你的解法，到哪里做不下去了；

（4）这个题目答案上是怎么写的；

（5）自己的想法和答案有什么不同；

（6）答案的哪个步骤看不明白。

请注意，这六句话都是在进行"信息陈述"，只有最后一句还表达了自己的疑惑。而通过这些信息陈述，你能清晰地向老师表达你对这个问题的所有看法。对老师而言，他可以获得下述信息：

（1）有些东西这个学生已经懂了，我不用再重复；

（2）他是这样思考这个问题的，这和正常的思路有什么偏差；

（3）他的问题出在了这里；

（4）他非常用心，已经独立查看了答案；

（5）这个答案和他的想法不一样，我明白他到底错在哪儿了；

（6）好，我可以给他讲讲关键步骤了。

通过这样的交流，你让老师和你自己的视角取得了一致，那么在这种情况下，老师的讲解对你来说就是最高效的学习方式。

 ## 框架
如何构建自己的知识框架?

每一个高中老师都会强调,学到的知识点要整合为一个体系,不能是一盘散沙。

但问题是,老师上课是一节一节教的,我们的知识是一点一点学的,我们应该通过什么办法把这一点一点学到的内容整合成一个知识体系呢?

我想高三的同学对这个问题可能会感到更加困惑,毕竟在高一高二,知识是一点一点学的,也是一点一点考的,今天学了正弦定理,那么这周的考试肯定也是正弦定理,所以形不成体系倒不会对你形成致命打击;但是,对高三的同学而言,高考是一次

通盘考查，一道题目可能会涉及许多知识点，这个时候就特别需要有完善的知识体系。

所以这一节，我们专门针对"如何构建自己的知识框架"谈两个具体可行的操作方法：

（1）自下而上逐步积累材料，然后定期归类总结；

（2）自上而下进行顶层设计，后期再对这个框架进行补充完善。

自下而上：逐步积累，定期总结

第一种方法的典型代表就是"整理错题集"。这是很多高中老师都推荐的，它的基本逻辑是：**通过在题目当中不断试错发现漏洞，针对知识漏洞精读答案，学习与这个知识点相关的解答思路，如果你积累得足够多，并且善于总结，就一定能逐步形成一个框架。**

请注意，这句话里的关键词有2个："精读答案"和"善于总结"。有很多同学会误以为重要的是"足够多"，其实不是。高考的知识点毕竟有限，涉及的内容也有限，以今天中学老师对"刻苦努力"的强调程度，你做的题少不到哪儿去，关键是要把错题的答案读细。

下面我举一个例子，说明怎样自下而上地"构建知识框架"。

例子：如何从错题中积累知识点

比如"立体几何"这部分内容中很重要的一类题目就是让你证明空间中线面的6类位置关系（线线平行/垂直；线面平行/垂直；面面平行/垂直），我们就拿"线线垂直"举个例子吧。如果你最开始并不知道有什么可行的思路能去证明两条直线垂直，你肯定无从下手，比如2017年北京卷的文科数学18题：

如图，在三棱锥 $P-ABC$ 中，$PA \perp AB$，$PA \perp BC$，$AB \perp BC$，$PA = AB = BC = 2$，D 为线段 AC 的中点，E 为线段 PC 上一点。

（1）求证：$PA \perp BD$；
（2）求证：平面 $BDE \perp$ 平面 PAC。

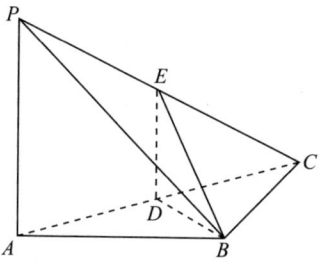

第一次看到这种类型题目的同学可能自己无法产生思路，但是不会做不要紧，我们来看一看答案：

证明：(1) 由 $PA \perp AB$，$PA \perp BC$，$AB \subset$ 平面 ABC，$BC \subset$ 平面 ABC，

且 $AB \cap BC = B$，可得 $PA \perp$ 平面 ABC，

由 $BD \subset$ 平面 ABC，可得 $PA \perp BD$；

(2) 证明：由 $AB = BC$，D 为线段 AC 的中点，可得 $BD \perp AC$，

由 $PA \perp$ 平面 ABC，$PA \subset$ 平面 PAC，可得平面 $PAC \perp$ 平面 ABC，

又平面 $PAC \cap$ 平面 $ABC = AC$，$BD \subset$ 平面 ABC，

且 $BD \perp AC$，所以 $BD \perp$ 平面 PAC，

$BD \subset$ 平面 BDE，可得平面 $BDE \perp$ 平面 PAC。

精读答案后你会发现这道题目的解题思路是"通过线面垂直证明线线垂直"，这对你来说是一个全新的思路，你需要把它整理下来，然后进一步思考这道题目的关键逻辑：在通过线面垂直证明线线垂直的过程中，如何找到那个互相垂直的线和面，这才是对未来解题更有帮助的点。

再比如下面这道题：

（2018 年北京卷理科数学 T18-1）如图，在四棱锥 $P-ABCD$ 中，底面 $ABCD$ 为矩形，平面 $PAD \perp$ 平

面 $ABCD$,$PA \perp PD$,$PA = PD$,E,F 分别为 AD,PB 的中点。求证:$PE \perp BC$。

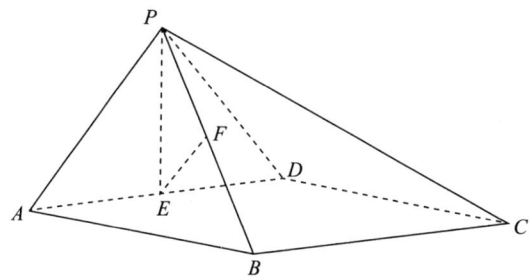

这道题目要求证明两条直线的垂直关系,它的证明过程非常简洁:

证明:$PA = PD$,E 为 AD 的中点,可得 $PE \perp AD$,底面 $ABCD$ 为矩形,可得 $BC // AD$,则 $PE \perp BC$。

请你注意看解答过程的第一行,"可得"二字后面有一个线线垂直的关系,这个垂直关系的获得条件是在一个等腰三角形中构造了底边中线,这就告诉我们:"等腰三角形底边的中线与底边垂直"是一条非常重要的证明线线垂直的思路。下次在题目中看到"两边相等"这种三角形时就要特别注意,因为其中可能蕴含你需要的"垂直"条件。

你可以通过做更多的题来验证这些观察,我们再来看下 2018

年全国 2 卷理科数学的这道题目：

（2018 年全国 2 卷理科数学 T20-1）如图，在三棱锥 P-ABC 中，$AB=BC=2\sqrt{2}$，$PA=PB=PC=AC=4$，O 为 AC 的中点。证明：$PO \perp$ 平面 ABC。

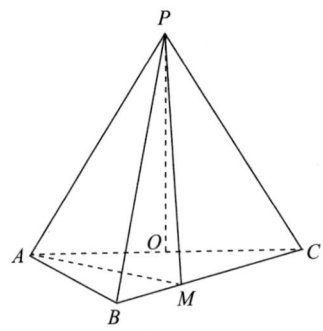

答案如下：

证明：连接 BO，$\because AB = BC = 2\sqrt{2}$，$O$ 是 AC 的中点，$\therefore BO \perp AC$，

且 $BO = 2$，又 $PA = PC = PB = AC = 4$，$\therefore PO \perp AC$，

考虑到 $PO = 2\sqrt{3}$，则 $PB^2 = PO^2 + BO^2$，即：$PO \perp OB$，

又 $\because BO \cap AC = O$，$\therefore PO \perp$ 平面 ABC。

你看答案的第一句，就是利用"等腰三角形底边的中线与底边垂直"的关系证明线线垂直的，当然这道题目还蕴含了另一个线线垂直的证明，就是通过勾股定理证明了一个直角三角形，从而得到了线线垂直。

如何从材料中总结归纳框架？

积累了足够多的题目之后，你就能总结出一些解题的套路来。比如，从前面的 3 个例题中，你可以发现同一个考点的不同解决方法，就可以总结为遇到需要证明"线线垂直"的问题，可以从以下几个方向思考：

（1）看看要证明的两条直线有没有包含在有垂直关系的平面中，如有，可以通过线面垂直推证；

（2）题目中有没有等腰三角形？

（3）题目中给的具体数据可不可以得到勾股数？

这其实就是关于"证明线线垂直关系"的思路框架，如果你善于做笔记，能把每一道做错的题整理起来，那么这个知识点相关的框架也就搭建完成了。

最后我想提醒的是，在这种自下而上、先积累后整理的过程中，还有很多需要注意的地方，具体内容可以参看第四章第三小节。

说完了如何通过"自下而上"的方法，依靠"积累"+"总结"的模式构筑知识框架之后，接下来我们再来谈另一种可行的路径:自上而下地进行顶层设计,搭建一个大的框架结构,然后一点一点往里面补充细节。

如何对知识框架进行"顶层设计"?

好的画家在进行巨幅油画创作时要先思考结构,想明白整个画面的组成要素,那个人应该在什么位置,物体之间要呈现什么样的透视角度,甚至还要先画出基本的轮廓结构,然后再进行具体创作。

比如浪漫主义绘画的先驱画家籍里柯有一幅代表作叫《梅杜萨之筏》,现在收藏在法国巴黎卢浮宫。

这幅油画一眼看上去就感觉很复杂，上面的人物和色彩堆叠非常紧凑，但你仔细去看，发现这么多人物堆在一起，整个画面却显得比例协调。如果你去学习美术史，老师讲到这幅画时一定会给你看这幅画背后的构图设计，它的整体实际上是两个非常严整的金字塔结构。

正是这种构图，使得整幅画面看上去非常协调。这说明整幅油画创作之前，籍里柯一定是经过了"顶层设计"的，这幅画的细节是在一个大框架下安排布局的，如果没有预先的框架，这个作品一定是松散的。

我们说回到高中数学的具体操作上。

我们这次以"函数"这一章节为例,先谈教材的用法。

如果你翻看人教版教材必修1关于函数这一章节的目录,会发现它整体上分成了两大部分:

(1)关于函数的整体性质;

(2)几类简单初等函数的详细介绍。

其中第一部分细分为以下几个内容:

函数定义(主要是三要素,尤其是定义域的判别规则);函数的单调性讨论;函数的对称性讨论(主要是奇函数与偶函数的介绍)。

第二部分分为三大类简单初等函数:指数函数;对数函数;幂函数。主要涉及相应函数的表达式、定义域、图像性质(走势如何?参数变化如何影响图像的变换)、单调性分析以及对称性分析(尤其是不同的幂函数,涉及不同的奇偶性)。

整体而言,"函数"这个章节的框架是,先分析一般函数的大脉络,然后在这个脉络之下谈了三个具体函数。我们可以把这个框架具象化为一个树状结构图:

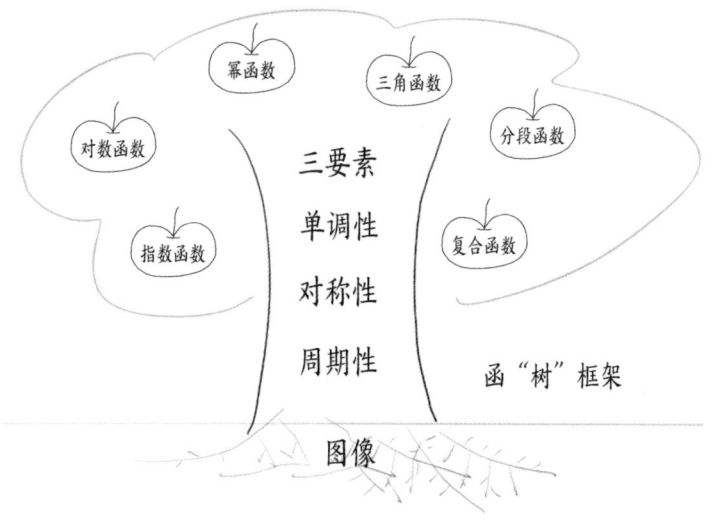

这就是整体的框架，它完全是从教材的结构布局中得到的。

关于《高考大纲》的再应用

除了教材，也可以去翻阅一下《高考大纲》，我们多次强调这份官方文件的重要价值，这里还要再次强调。

在"函数"这个章节，数学考纲给出的几个能力要求如下：

了解构成函数的要素，会求一些简单函数的定义域和值域……

理解函数的单调性、最大值、最小值及其几何意义；结合具体函数，了解函数奇偶性的含义。

了解指数函数模型的实际背景；理解有理指数幂的含义，了解实数指数幂的意义，掌握幂的运算；理解指数函数的概念，理解指数函数的单调性，掌握指数函数图像通过的特殊点；知道指数函数是一类重要的函数模型。

了解指数函数与对数函数互为反函数；

结合几种幂函数的图像了解它们的变化情况；

结合二次函数的图像，了解函数的零点与方程根的联系……

上面这些话，全部出自《高考大纲》中关于"函数"这一部分的表述，和我们根据教材构筑起来的框架几乎是一模一样的。

如何将具体问题代入框架？

这个框架搭建好之后，可以把它写下来，也可以记在心里，以后看到了不会的题目，读完答案之后知道了它考的是哪个点，接下来就要迅速地把这道题目涉及的内容定位到自己的大框架当中。

比如 2017 年山东卷文科数学的第 9 题：

设 $f(x)=\begin{cases}\sqrt{x}, 0<x<1\\2(x-1), x\geq 1\end{cases}$，若 $f(a)=f(a+1)$，则 $f\left(\dfrac{1}{a}\right)=$

（　　）

A. 2 　　　　　　　B. 4
C. 6　　　　　　　　D. 8

这道题目表面上需要讨论 a 和 $a+1$ 两个数值的取值范围，但一旦我们注意到整个函数的定义域为 $(0,+\infty)$，那么 $a+1$ 的取值范围实际上是被限定在 $(1,+\infty)$ 上的，所以这道题目的解答就会变得非常简单：

解：当 $a\in(0,1)$ 时，$f(x)=\begin{cases}\sqrt{x},0<x<1\\2(x-1),x\geq 1\end{cases}$，

若 $f(a)=f(a+1)$，可得 $\sqrt{a}=2a$，

解得 $a=\dfrac{1}{4}$，则：$f\left(\dfrac{1}{a}\right)=f(4)=2(4-1)=6$。

当 $a\in[1,+\infty)$ 时，$f(x)=\begin{cases}\sqrt{x},0<x<1\\2(x-1),x\geq 1\end{cases}$，若 $f(a)=f(a+1)$，

可得 $2(a-1)=2a$，显然无解，

故选：C。

所以这道题和函数的定义域分析联系密切。

再比如这道和函数单调性密切联系的题目：

（2018全国1卷文科数学T12）设函数$f(x)=\begin{cases}2^{-x},x\leqslant 0\\1,x>0\end{cases}$，则满足$f(x+1)<f(2x)$的$x$的取值范围是（　　）

A．$(-\infty,-1]$　　　　B．$(0,+\infty)$

C．$(-1,0)$　　　　　D．$(-\infty,0)$

它的解答过程是下面这样的，请注意这幅关键的图像：

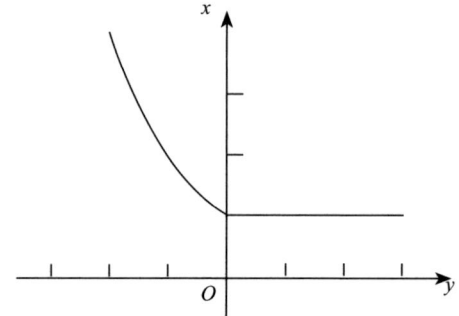

解：函数$f(x)=\begin{cases}2^{-x},x\leqslant 0\\1,x>0\end{cases}$的图像如图：

满足$f(x+1)<f(2x)$，可得：$2x<0<x+1$ 或 $2x<0<x+1\leqslant 0$，

解得$x\in(-\infty,0)$，故选：D。

再比如2018年全国2卷理科数学的第11题：

已知$f(x)$是定义域为$(-\infty,+\infty)$的奇函数，满足$f(1-x)=f(1+x)$，若$f(1)=2$，则$f(1)+f(2)+f(3)+\cdots+f(50)=$（　　）

A．-50　　　　B．0
C．2　　　　　D．50

这道题涉及的是函数的对称性分析，解答它的关键在于对于$f(1-x)=f(1+x)$这个条件的理解，我们看一下它的答案：

解：因为$f(x)$是奇函数，且$f(1-x)=f(1+x)$，

所以$f(1-x)=f(1+x)=-f(x-1)$，$f(0)=0$，

则$f(x+2)=-f(x)$，则$f(x+4)=-f(x+2)=f(x)$，

即函数$f(x)$是周期为4的周期函数，因为$f(1)=2$，

所以$f(2)=f(0)=0$，$f(3)=f(1-2)=f(-1)=-f(1)=-2$，$f(4)=f(0)=0$，

则$f(1)+f(2)+f(3)+f(4)=2+0+0-2+0=0$，

$f(1)+f(2)+f(3)+\cdots+f(50)$

$=12[f(1)+f(2)+f(3)+f(4)]+f(49)+f(50)$

$=f(1)+f(2)=2+0=2$，

故选：C。

如果没有一个整体框架认知，这几道题目对你而言将会是完全不同的考点，而事实上它们只是"函数基本性质"这个框架下的不同枝节，你可以将它们纳入一个更统一的体系，逐渐完善自己的知识框架。

 **小题**
选择题的选项也是重要的题目条件

这是我们的最后一讲,咱们谈点实战。曾经有个学生问我:如果我高考数学想要突破 120 分,最重要的事情是什么?

答案是:"小题"要做得快一点。

时间配比:120 分钟完成 150 分的试卷

高考数学要求用 120 分钟完成 150 分的题,很多同学感觉时间不够用,那么他们的时间都用在了哪里呢?

通常而言，考试时感觉时间不够用的同学往往是在"小题"上花费了太多的时间。

以全国卷为例，尽管16道小题占据了将近60%的卷面分（80/150），却要求考生必须在近40%的考场时间内（45/120）完成。只有这样，你后面的6道大题才有足够的时间（尽管试卷上有7道大题，但最后两道是二选一的选做题，因此我们在考场上的实际任务量只有6道。然而，即使用75分钟做6道大题，每道大题12分钟，其实也没有你想的那么"足够"）。

但好消息是，选择题在数学试卷中有其鲜明特征，它不要求学生从无到有地得出答案，而仅需从限定的答案中择优选择；因此，能否有效利用选项信息，或能决定考场上选择题的解答效率。

解题效率：如何利用选择题的选项提升效率

怎样提升选择题的解题效率呢？

在咱们这本书的第三章我们知道了一道题目被正确解答的三个必要环节：条件转化、思路构建以及代数运算。

在谈到"你的条件为什么会漏用"时，我们着重指明的一点是：选择题中的"选项"也可以成为暗示性的"条件"，这里我们掰开揉碎谈谈这句话："**如何利用选择题中的选项**"提升解题效率。

我们可以来看一道真题：

（2017年·北京卷·文/理科数学T8）根据有关资料，围棋状态空间复杂度的上限M约为3^{361}，而可观测宇宙中普通物质的原子总数N约为10^{80}，则下列各数中与$\frac{M}{N}$最接近的是（　　）。（参考数据：$\lg 3 \approx 0.48$）

  A. 10^{33} 　　　　B. 10^{53}
  C. 10^{73} 　　　　D. 10^{93}

许多同学读完题目数据之后感到无从下手，然而这道题目的解题关键隐含在两点当中，可以从两个方向构建解题思路，其中之一是题目选项给出的"参考数据"。敏感的考生读题之后应该想一下这个数据怎么用，才能够构建有效的解题思路。

另一个方向是，观察选项。如果考生注意到，四个选项均是10^x这样的形式，所有选项的差别仅存在于指数位置，那么我们可以合理推断这道题最终要大家求解的并非题干中间的$\frac{M}{N}$，而仅仅是方程中的$\frac{M}{N}=10^x$中的x。

而要求解一个指数方程，我们需要对两侧以10为底取对数，进而使用简单的指数运算律，将这道区分度高的选择题拿下：

$$x = \lg \frac{M}{N} = \lg \frac{3^{361}}{10^{80}}$$
$$= 361 \cdot \lg 3 - 80 \cdot \lg 10$$
$$= 361 \cdot 0.48 - 80 \approx 93.28$$

从这个思考角度看,只要我们观察出选项的相同点与差异之处,这道看似非常复杂的题的难度就被降低至普通的对数运算级别。

而这个过程中我们最需要了解的是,对选择题而言,题目中的"四个选项的差异"蕴含了非常重要的信息。

进阶:一道更难的题目

高考数学中类似的设计屡见不鲜。也许你会认为北京卷的这道选择题不看选项也能猜对,但有些极端情况下,还是得好好分析一下选项,否则根本不可能产生有效的思路,比如下面这道:

(2017年全国1卷理科数学T11)设 x、y、z 为正数,且 $2^x = 3^y = 5^z$,则(   )

A. $2x < 3y < 5z$ B. $5z < 2x < 3y$

C. $3y < 5z < 2x$ D. $3y < 2x < 5z$

题目条件的核心是一个关于指数的等式，而答案的四个选项明确要求比较三个幂形函数的值，那如何将指数位的未知数拿下来呢？

答案是：要想到指数函数与对数函数的互化。

解：x、y、z 为正数，

令 $2^x = 3^y = 5^z = k > 1$，$\lg k > 0$。

则 $x = \dfrac{\lg k}{\lg 2}$，$y = \dfrac{\lg k}{\lg 3}$，$z = \dfrac{\lg k}{\lg 5}$。

$\therefore 3y = \dfrac{\lg k}{\lg \sqrt[3]{3}}$，$2x = \dfrac{\lg k}{\lg \sqrt{2}}$，$5z = \dfrac{\lg k}{\lg \sqrt[5]{5}}$。

$\because \sqrt[3]{3} = \sqrt[6]{9} > \sqrt[6]{8} = \sqrt{2}$，$\sqrt{2} = \sqrt[10]{32} > \sqrt[10]{25} = \sqrt[5]{5}$。

$\therefore \lg \sqrt[3]{3} > \lg \sqrt{2} > \lg \sqrt[5]{5} > 0$。

$\therefore 3y < 2x < 5z$。

话说回来，我想通过这两个例子提醒各位同学：**选择题在数学试卷中有其鲜明特征，遇到看似非常棘手的题目时，不要埋头硬算**，一条明智的策略是：对比 4 个选项的异同之处，对 4 个答案的微小差别进行分析，这个"差别"或为全题核心所在。

最后，希望本书能帮助到大家，祝未来的你们在高考场上，游刃有余，轻松解题，思路宽阔，旗开得胜。

后记
无声的激励

教育是一个高度依赖从业人员自律的行业。

因为学生很难对老师们进行横向对比。一个学生一辈子可以遇到很多老师，但在每个年级，一位学生只会跟随一位老师学习某个特定的知识点。当这个知识点没有学明白时，学生很难直接判断是不是老师授课水平的问题，一般会自我怀疑，是不是自己的理解能力有问题。

所以，除了入职之初很短的时间内有老前辈手把手教导之外，教师在大部分时间里实际上是处于无监督工作状态：可以产出具有极高品质的课程；也可以选择懈怠，讲一节差不多过得去的课程；甚至可以选择糊弄，讲一节结构非常零散的课程。

那么，所有试图产出一流教学产品的老师都要回答一个问题：在做 60 分的工作就能交差的情况下，是什么激励你要执意产出 90 分、95 分，甚至是 98 分的课程呢？

有一天中午，我在休息时听到手机的振动提醒，显示有人转账给我 200 块钱，备注"还款"。

我当时很纳闷，因为自己并没有借钱给别人过，苦苦思索了半晌，才想到很久以前曾经有个学生加我的微信说："老师，我非常喜欢你讲课的风格，平时自己经常用零花钱购买你的付费课程，我看到你的全部课程打包价格是 1799 元，非常想买，但是我实在没有这么多零花钱，如果要攒起来的话得很长时间，我可以先买你的课程然后分期付款吗？"

哪一个老师能拒绝这样的学生呢？

所以我找技术老师申请了一张免费邀请券发给了他，说："平台暂时没有分期付款功能，谢谢你喜欢这些内容，这张邀请券为你开通了全部课程权限，拿去学习，不用着急还款，什么时候有钱再转给我就可以。"

时间太久之后，我已经忘记了这件事情，但是这个孩子还在默默攒下一笔笔钱——我不知道这些钱对他来说意味着什么，我害怕这是他省吃俭用节省下来的生活费，我想到了阿累在悼念鲁迅先生的文章《一面》中写到的那块"带着体温的银元"。

我非常不安，所以就告诉他如果很难凑出来的话剩下的钱就不要还了，或者如果愿意可以等以后工作了再说。

结果这个学生对我说："帅帅老师，我们第一次聊天时你就选择相信我，我不会辜负你的信任。"

我也常有偷懒的念头：一节课已经讲过很多遍，要不要更新自己的讲义？新的课程即将上线，要不要迭代给学生的习题库？

每当我需要在"做与不做"或"好好做与差不多得了"这两者之间进行选择时，我总会想：那些选择来听我课程的学生，他们有多少人是这样省下来自己的零花钱，选择相信一个素不相识的老师？

他们用自己有限的时间和金钱为我投票，我应该给他们提供一份更好的课程。

看着自己课程的观看数据，不断在心里设想那些学生为什么会来听我的课呢？

他们最初的那份信任，是对我无声的激励，督促我在"做与不做"之间永远选择"做"；在"好好做与差不多得了"之间永远选择"好好做"。

2021年是我执教高中数学的第8个年头，算上之前高中3年苦读，掐指一算，自己在高中数学领域已深耕11年。

在这十年间，除了教线下课程之外，我还不断把自己的课程以图文、音频和视频形式沉淀在互联网上，希望以此逼自己不断对教学工作进行总结和内容输出，也希望为高中生提供从预习到备考的全线数学教育产品。

这本书中的内容，一部分来源于由我本人主讲的课程备课时的逐字稿，还有一部分来自我针对学生的普遍问题撰写的详细指导建议。

撰写书稿的几个月，正值新冠病毒最严重的时候，全国的师生都禁足在家里，但老师们的教学工作转入线上，任务量却没有因此减少；每当我结束一天工作后，还为深夜修改稿件而力不能支时，我的女友苗苗总对我说："书要好好写，因为出版后的书就是你无法销毁的证据，会时刻提醒你当年犯下的错。"

我希望自己没有在这本书中犯下太多的错。

高考是一个跳板，我盼望这本书中的内容能在有限的三年里帮你走向更大的世界。

在那里，你可以全心投入自己真正热爱的事业。

高考加油，你必有一个锦绣前程。

2021 年 6 月

于杭州西湖